紀要

第8号

一般社団法人　和歌山人権研究所

目次

表紙の写真＝後藤優花

西光万吉「和栄運動」研究の展望と課題

和歌山人権研究所研究員
小田直寿

はじめに

「和栄運動」とは、日本初の人権宣言と言われる水平社宣言（一九二二年）の起草で知られる西光万吉（一八九五年―一九七〇年）が、日本国憲法の理念実現を目指して一九五一年ごろに主唱し、その後の生涯を賭けてその実現に取り組んだ運動である。「和栄」は「世界人類の平和と共栄」を意味する西光の造語であり[1]、和栄政策、和栄策なども呼ばれる[2]。

この運動の概要については、和歌山人権研究所の事業としてやがてパンフレットが刊行される予定である。また筆者はこの事業とかかわり、現在この「和栄運動」についての研究調査作業を遂行中である。本論では調査作業の中間報告として、今後「和栄運動」を研究していくにあたっての学術的課題を整理しておきたい。

さて和栄運動とは、初めての研究書である加藤昌彦『水平社宣言起草者　西光万吉の戦後』によれば、つぎのようなものである。[3]

西光の没頭した和栄政策は、日本の軍国主義の解体とともに成立した非武装憲法の基礎の上に創られたもので、多くの国家が自国の軍事力に投じる政治的・財政的・社会的総合力を、すべてそのまま、非軍事の平和創造に向けようとしたものであった。核戦争による人類滅亡という現代の危機において、軍事予算スケールをそのまま国際的援助に投入し、平時の積極的国際貢献を企図したもので、日本でも、そしておそらく世界でも初めての国際平和貢献政策であった。

（中略）

また戦後日本の安全保障については、大きく二つの問題が長く論議されてきた。一つは自国防衛の問題であり、また一つは日本経済の発展とともに課題として登場してきた世界の平和創造に対する日本の国際的義務の問題である。西光万吉はこの二つの問題について、統一的な解答を出していた。西光の和栄政策は、原爆の惨禍をあび、武装放棄を決めた戦後日本の根本方向を示し、核戦争による人類全滅の危機の時代という厳しい認識に立って、世界平和を創造しようとする日本の平和総合政策であった。またそれは同時に、世界政府実現途上の、各国のモデルとなる先駆的プランであった。

西光が目指したのは、世界政府確立という展望に立ち、その段階論の立場から、日本経済を安定させ、軍事予算をそのまま平時の積極的国際貢献予算として戦争以前の段階での関係構築を圧倒的に確立するというものである。それは戦後の戦争責任論をめぐる多様な論点を総合し、かつ自国防衛と国際協力の立場を確定させようというものでもある。その実現は主として社会党を通じて図られたが、成功を見ることなく一生を終えた。

地域での顕彰を除いて研究史上ほとんど初めて和栄運動に着目した師岡祐行『西光万吉　人と思想』は、和栄運動に着目する価値について次のように述べる。[4]

一九九〇〜九一年の湾岸戦争は日本がどのように国際的貢献をするのかを問うた。政府と与党は掃海艇を派遣し、さらに自衛隊を国連のPKOに参加させようとして、なしくずしに日本国憲法の不戦条項の無力化をはかっている。野党もまたその枠のなかで反対あるいは修正の主張をくりかえすばかりである。アメリカの一極的軍事力の行使の傘を前提とするのではなく、全く別の角度から、いかにすれば日本が国際的貢献をなしうるかの政策はどこにも見当らない。このとき、すでに半世紀もまえから日本国憲法を中心にすえて日本と世界の和栄を説きつづけてきた西光の主張は、あらためて国際的貢献とはなんであるかをしめしてくれる。冷戦構造が解体した今日、西光の思想と行動にはかえりみなければならない多くがみられる。

平和主義をめぐる戦後の論点は多様に分岐するが、論点は主として憲法９条と自衛権の問題をめぐって展開し、実態から言えば日米安保・軍事同盟＝自民党の路線が優勢でありつづけ、それに対して非武装中立・平和主義＝社会党の路線が政治的に対立してきた（このほかに暴力革命を目指す路線もあるがここでは割愛する）。師岡が言うように、経済安定と平和構築との積極展開を目指す「西光の思想と行動にはかえりみなければならない多くがみられる」可能性は充分にあろう。

またもう一点、西光が部落解放と平和実現との両方を同時に課題としたことについても注目しておきたい。「印度解放の父、ネール首相におくる」[5]（一九五一年）などから窺われるように、被差別部落に生まれ、水平社の運動に深く携わった西光においては、当然ながら両者が深刻な課題として出発点に据えられており、平和実現と部落解放との相互関係を考える上で貴重な実例を提示していることが期待される。

この二つの期待を込めて、半ば忘れ去られ、いまや歴史に埋もれつつある「和栄運動」をあらためて掘り起こし、実際に検討していこうというのが本研究の主要な動機であり、課題である。無論、期待と事実とが完全に噛み合うとは限らない。そもそも歴史研究の基礎は実証である。西光が「和栄運動」を通じて何を求めたか、またそこにある価値は何であるかということを、事実に基づいて再構成し、大きく歴史上に位置づけつつ判定していく作業をしていくことになろう（以下「和栄運動」のカギカッコは省略する）。

一　和栄運動理解の現状

和栄運動とは西光万吉によって主唱された運動であり、その展望は一貫して世界連邦運動の説く世界連邦構想にあった。そこで和栄運動の調査研究は、主として、世界連邦運動研究および西光万吉研究からのアプローチがありうるであろう。以下具体的に述べていきたい。はじめに世界連邦の運動から。

そもそも世界連邦運動とは、戦争を止めるには各国の軍備を世界連邦に譲り渡し、世界を一つの法治国家とするよりないという考え方である。古典としては一九四五年刊行のエメリー・リーヴス『平和の解剖』[6]および、一九四八年発表の「世界憲法シカゴ草案」[7]がある。これは国際連盟ないし国際連合と似通っているが、一つの国家を目指すという意味でいささか趣きが異なる。いわゆる暴力革命が否定されている点も特徴的である。

この運動は、研究史上は総じて無視されてきたと見受けられる。たとえば筆者の専門とする日本史学について見てみると、管見の限り『歴史学研究』『日本史研究』『日本歴史』『ヒストリア』には世界連邦運動を主題として研究した論文は存在しないようである。世界連邦運動の展望は戦後歴史学の主要課題であった社会主義革命とは異なるから、研究主題として注目されなかったのであろうか。

また門外漢のそしりを覚悟で多様な関連領域に視野を広げてみても、やはりそれほど注目されていないようである。筆者が言及箇所を見出し得たのは日本平和学会編『世界政府の展望』[8]および寺島俊穂『戦争をなくすための平和学』[9]第九章「世界連邦思想の検討」のみである。

前者では「二一世紀の現実を前提として、これを大胆かつ長期的な視野で再構築する議論をするために、この枠組は使えるのではないでしょうか」としつつも、「『世界政府』なる言葉には共通理解や前提はない」とされ[10]、加藤俊作の特別寄稿論文「運動としての世界連邦論」のみが、世界連邦運動の経歴と概要を明らかにしているにとどまる（同論文は西光には言及していない）。

また寺島の論考はおそらく最新のものに属するであろうが、寺島の関心は連邦運動の実現性如何に向けられ、世界連邦運動の歴史については概要が論じられるにとどまっている。平和実現のための理論的可能性に着目する平和学と、運動の歴史的事実の解明に着目する歴史学との関心の相違から来るものであろうか。なお、まだ追いきれていないが、参考文献一覧には国内外の有益な情報が複数含まれており、ここからさらに知識を深めていくことができるかもしれない。

世界連邦研究から西光万吉にアプローチする場合、日本史上・世界史上ならびに運動論の観点からの世界連邦自体の一定の認識と評価を前提とし、そのもとで西光を位置づける作業が必要となる。それはやがて必要な作業ではあるが、現時点では、関連領域に散在しているであろう知識の整理認識にようやく着手してゆく段階にある、と言わなければならない。

つぎに、西光万吉研究でも、和栄運動は水平社宣言での知名度に比べてあまり着目されてこなかった。加藤書が出るまでは、『西光万吉著作集』全四巻（濤書房、一九七一—七四年）ならびに『西光万吉集』（解放出版社、一九九〇年）の刊行と地元地域の活動を除き、ほとんど無視されてきたと見てよい。その主要な理由は、師岡祐行『西光万吉　人と思想』（一九九二年初版刊行）の次の引用に示されるであろう。[11]

「人の世に熱あれ、人間に光あれ」。

一九二二年三月三日、差別に苦しみ、憤りをおさえてきた部落の人々は自主的な解放をもとめて全国水平社を結成した。西光万吉は水平社創立につとめるとともに、この言葉で結ばれる宣言を起草した。日本の最底辺から差別に対する闘いだけでなく、人間解放をよびかけたこのメッセージは二一世紀を前に今なお息づいている。

にもかかわらず、西光には今までまとまった伝記がなかった。理由は、ほかでもなく西光が戦前非合法の日本共産党に対する弾圧の皮切りとして知られる三・一五事件で逮捕され、懲役五年で奈良刑務所で服役中に「転向」し、出獄後は「高次的タカマノハラの展開」をとなえて国家主義運動を推進したことにあった。西光は神兵隊事件を賞揚し、陸軍のパンフレット『国防の本義とその強化の提唱』を支持するとともに、美濃部達吉の天皇機関説を攻撃し、斎藤隆夫の国会での反軍演説をつよく非難し、日中戦争、太平洋戦争にすすんで協力、軍国主義、帝国主義の侵略戦争に加担した。いずれも日本と世界を不幸におとしいれた近代史上の出来事として戦後民主主義がマイナスの評価をあたえてきたところに西光が積極的にかかわっていたことを物語っている。この一五年戦争とよばれる時期の思想や行動と、部落解放運動の創始者としての西光とを統一してとらえることはむずかしい。

このため西光には全国水平社を結成したひとりで水平社創立宣言を起草したとの栄光だけをクローズ・アップさせ、それ以後の生涯についてはソッとして見過ごしてきたのであった。一九七一年から翌年にかけて（実際には一九七四年まで――筆者注）、西光の旧知阪本清一郎、木村京太郎、難波英夫、北川鉄夫の監修で刊行された『西光万吉著作集』全四巻（濤書房）には西光のすべての時期のおもな論文や戯曲が収録されている。良心的な編集によって、この著作集には戦争の時期のものも重要な論稿がおおいかくされることなく、省かれずに採録されている。したがってこの著作集によって、西光の思想と行動をその生涯において追うことは可能であった。だが、そうした仕事はみられなかった。

西光万吉の生涯を時期区分すると、概ね、①差別に直面して苦しむ青年期（一八九五―一九一七）、②水平運動から社会主義へと展開し、共産党入党により三・一五事件で逮捕されるまでの時期（一九二二―一九二八）、③準戦時～戦時下、国家社会主義運動家として活動する時期（一九三二頃―一九四五）、④戦後、和栄運動に尽力する時期（一九五一頃―一九七〇）、の四つに分けることができる（各期間の間の空白期はいずれも過渡期ないし転換期)。師岡以前の研究では、第三期はいわば誤りの時期であり、その後に当たる第四期もまた無視されてきたのであった。

西光に対する問題の立て方も、第二期の価値を称揚し、場合によっては第三期の「転向」について批判的に検討するというのが基本的な発想であった。転向論の代表的な見解については吉田智弥『忘れさられた西光万吉』(明石書店、二〇〇二年)に非転向説も含めてまとめられている。

吉田は転向論の型を三つに分類する。[12]「非転向説」(a部落民からの非転向・反天皇制=住井すゑ、b天皇制社会主義者として非転向=宮崎芳彦)、②「転向擁護説」(情勢による飛躍転換=亀本源十郎)、③「転向批判論」(aファシズム転落=福本正夫、b転向後の植民地への視線の差別性=金静美)というのがそれである。戦時下の西光の姿勢の実態解明とその評価は重大な研究テーマではあるが、結果どうしても第二期と第三期との関係に視点が集中し、第四期はほとんど問題とされなかったのであった。

そのため「『人と思想』を対象とする評伝を作るには、すでにまとまった伝記が書き上げられていてそれを土台とすることが望ましい」にもかかわらず、[13]それさえ存在しなかったのであった。伝記の欠如は現在も改善されておらず、水平運動以来部落解放運動の中心人物であり続けた松本治一郎については膨大な資料が残され、整理刊行されているのと比べると、隔絶感さえ覚える。

こうした状況がようやく終わりを告げ始めたのは二〇一〇年が近づいてきた頃からである。研究としては西光の妻・美寿子への聞き取り等をふまえ、非暴力主義の視点から研究を進めた加藤昌彦による『水平社宣言起草者　西光万吉の戦後――非暴力政策を掲げつづけて』(明石書店、二〇〇七年)が出版され、これまで知られなかった非暴力思想家としての西光の戦後の姿がまとめられた。

また朝治武『アジア・太平洋戦争と全国水平社』（解放出版社、二〇〇八年）にも注目するべきであろう。同書は必ずしも西光を主人公としたものではないが、アジア・太平洋戦争下における水平社の動きとの関係で西光の姿が繰り返し登場する。ここでは転向の是非を問うという問題設定よりも、むしろ、戦時下の水平社をめぐる多様な人びとの動きとのかかわりで西光の姿が実証的に描き出されている。

また顕彰運動でも、西光が後半生を過ごした和歌山県打田町（現在紀の川市の一部）では一九八七年に「西光万吉先生を偲ぶ会」が結成されて毎年記念行事が行われてきた。この運動は二〇一五年以降「西光万吉顕彰会」に引き継がれた。さらに顕彰会が中心となって散逸資料の収集と西光万吉邸（清原美寿子旧居）の修復が行われ、二〇一六年六月にオープンしている。

和栄運動研究をめぐる状況は、今ようやく研究を展開すべき時期に差し掛かってきたのである。だがまだ論点は充分に整理集約されているとは言いがたい。西光万吉邸所蔵資料ならびに刊行文献の整理、および諸方面に散在しているであろう資料の収集を通じて、西光万吉が目指した和栄運動の像を具体的に解明していかなければならず、また大きな見通しをあらためて立てていかなければならないのである。

二　和栄運動研究の基本姿勢について

西光万吉と和栄運動とを調査する上での最初の問題は、前節で述べたように、基本的な情報が知名度に反比例するように全く整っていないことである。本節では、基本情報を整理するにあたり、特に西光万吉研究との関係でどのような課題があるかを述べ、その解決案とその後の作業について具体的に述べる準備を整えたい。

師岡が評伝を執筆した際は『西光万吉著作集』の文献および『西光万吉集』掲載の宮崎芳彦作成年表が用いられた。[14] いずれも基礎的で貴重な仕事であるが、現代の目より見れば問題の多いものである。まず『西光万吉著作集』掲載文献には基本的な書誌情報が書かれていない。水平社宣言に先立って執筆された「よき日のために（水平社創立趣意書）」でさえ、『西光万吉著作集』からではいつ書かれたものかわからないのである。ましてや著作目録は存在しない。つまり西光がいつの段階で何を書いたかという基本情報さえ、容易には得られないのである。

また宮崎年表は第二期こと水平社の時期については詳しいが、それ以後については比較的簡単な記述しか存在しない。一方その後の研究の深化により、第三期については朝治書に複数の情報があり、また第四期については加藤書が年月日を含めて極めて詳細に西光の動きを提示している。そこで最初の課題として、これまでの研究蓄積から知識を集約し、和栄運動とのかかわりで基本的な年表と著作目録を作成しなければならないのである。

この作業では、現時点で存在する情報を、可能な限り推測抜きに並べてみるところから始めなければならない。一例を挙げると、和栄運動は社会党を通じて実現されようとしたもののついに実現することがなかった。そこで全体としては最後まで苦しい時期が続いたと言い得、そこに共感することもできる。だが、その時々の状況にまで視点を落とし込んでみると、実際には実現寸前の状況への期待と失望を繰り返していたことが読み取れる。この波をどう理解するかが次の課題である。こうした認識の深化の過程のなかで何が見えてくるかが問題であり、また研究の醍醐味でもある。

だからこそ、その作業を遂行するためには、すべての評価を留保してまずは事実を並べてみなければならない。和栄運動以前の西光の経歴についても、どの事実を取り上げればよいか前もっては全く確定できない。西光の戦争責任でさえその立場に基づいて留保することになる。とはいえこればかりは読者の意表に出ることになろうかと考えられるので、少し詳しく述べておきたい。

前節でも述べたことを再確認するが、これまでの多くの西光研究では、栄光ある第二期（水平運動・農民運動）の解明が主題であり、それにもかかわらずなぜ第三期（国家社会主義運動）に至ってしまったかというところから問題が立てられてきた。すなわち、水平運動およびそこからの転向が問いであった。そこからさらに、第三期の萌芽が実は第二期にあるのではないかといった関連の問いが立てられる。『西光万吉集』所収年表もまたこのような研究時期の影響下にある。

西光を第二期と第三期との関係で捉えようとする背景には、松本治一郎の「貴族あれば賤族あり」という天皇制批判の立場や、戦争責任論の立場に基づく史的評価の姿勢、また事実として戦時下において数は少ないにせよ共産主義や自由主義に基づいて不転向を貫いた人びとの存在がある。すなわち、本来は論理的にも実践的にも天皇制ファシズムに与するべきではなかったというのが基本的な考え方である。その視点よりすれば、西光は国家社会主義に転落した人物であるというのが西光理解の基本的な考え方になるのが当然である。

西光が戦後になって和栄運動に取り組んだ事実は、こうした判断そのものを揺るがす。そもそも水平社自体が戦争協力に突き進みついに解散に至ったのにもかかわらず、そのことは戦後反省されることなく部落解放全国委員会の結成に至っている[15]。松本治一郎の公職追放にあたっても全国委員会は戦時下松本の責任を不問とした。[16] 一方西光は、平和主義を主眼に据えて運動方針を組み立て、和栄運動に取り組んだのである。西光の指針は平和主義と部落解放とを総合しようとするものでもあった。とするならば、西光の路線はきわめて重要な論点を提示している可能性があるのである。

仮にそうならば、これまで転向であり失敗であると捉えられてきた第三期もまた第四期との関連で見直す必要が生じる。つまり第三期は第四期の前提であり、失敗していたとしてもそれゆえにこそ大きな価値を持っているのだとする作業仮説が必要である。もちろんその作業仮説は第二期をもいわば過渡期とみなすことになるであろう。

このような作業仮説をもとに、和栄運動とのかかわりで基本的な年表と著作目録を作成しなければならない。だが結論を急ぐべきではない。そもそも和栄運動に振り返るべき価値があるかどうか、師岡および加藤はそう指摘しているにせよ、我々においてまだ充分に吟味されていない。それはむしろ研究の最後になってようやく見えてくることであろう。だからこそ、年表・目録作成は、西光万吉と和栄運動をめぐる基本的な脈絡の解明に注目した慎重な作業が求められる。以下、具体的な作業内容およびそれに基づく評価の検討に移る。

三　情報整理の基本姿勢

情報整理の基礎となるのは、『西光万吉著作集』ならびに宮崎年表および加藤書である。また西光万吉邸には様々な資料が存在する。先に述べた通り、宮崎年表は第二期西光に詳しく、加藤書は第四期西光に詳しいので、両書を基礎としてさらに諸資料から補うことが整理作業の中心になるであろう。それに基づいて可能な限り詳細な年表作成と綿密な底本の確定作業を行い、さらに幅広く資料を見出していくことによって、いつ何があったか、またその時々に何を考えていたかを具体的に確定していかなければならない。西光が時々において何を目指し、また何を思ったかは、そこから浮かび上がってくるであろう。

年表はごく常識的な意味での西光万吉和栄運動史年表である。ただし当研究所の年表は現在作成中でまだ到底世に出すに値せず、また紙幅の都合もあるのでここでは割愛する。ただ、年表にする前の段階では西光に関する情報は集約することが不可能ではないまでも非常に困難であったことを指摘しておきたい。加藤書でさえ、年月日が可能な限り考証されている点で非常に優れるとはいえ、叙述の都合で記述が前後することが多く、西光がいつの時点で何をしているか不明瞭に留まる場合も多かったのである。この状況を乗り越え、正確な事実を確認していかなければならない。

底本校訂は今後のことに属する。底本の確定と書誌の分析は歴史学では研究手法にさほど組み込まれていないが、他学問では例えば内容分析に意を注ぐ文学研究などでは基本的な作業の一つである。すなわち、西光の著作についてそれぞれ出版刊行時期ならびに変遷過程を一つ一つ確認し、そこに見られる語彙の用例や文章の異同から西光自身の思想の動きなどを見出していくのである。西光に関しては『西光万吉集』収録分について校訂作業が行われており、また「水平社宣言」については校訂作業に基づく成果があるので、これをもとに推し進めていく必要がある。

資料収集もまた今後の作業に属する。資料は主として西光万吉資料館に存することが予想され、実際に、西光の描いた絵の下絵が出現するなど、豊富な成果が期待できる。これら一つ一つにつき、地方史学が蓄積してきた資料保存の方法を基礎とし、各資料に整理番号を与えた目録を作成し、丁寧な保存と今後の調査に向けた準備を整える必要がある。

また西光邸以外の場所での資料収集も必要であろう。これについては何があるのか事前には全く予想できないが、和歌山県内は言うに及ばず、少なくとも西光が和栄運動において関係を持った大阪や東京、および郷里奈良などに資料が存在する可能性がある。また海外でも、西光が関与したインドやヨーロッパ、それに中国東北部に英語やエスペラント、中国語等で書かれた資料が遺されている可能性がある。これらを一つ一つ探索する必要があろう。

さらにまた、芸術的鑑賞と芸術学的分析の手法をも一定程度身につけておく必要がある。というのは西光が本来ならば第一線に立ち得た技量を持つ画家であり、また小説家・劇作家でもあるからである。こうした作品群に見られる特質を通じて西光が何を言いたかったかを知っていくことがなければ、西光を理解する作業は完了しないであろう。

こうした全作業を通じて留意すべきは、西光が各瞬間に何を考え見通していたかについて、西光の主観的観念に即して可能な限り正確に見ることである。和栄政策の評価のためには、西光が体験や読書等を通じて認識した範囲の事実（それは研究する我々が現時点で客観的に認識しうる西光生存期の社会状況と同一とは限らない）とそれに基づいて構築された和栄政策の構想の内容を、西光の脳内から可能な限り正確に取り出して客体形象化するところから出発しなければならないからである。

実際、西光に関する事実関係を確認していくと、いたるところで驚くべき議論の展開に直面させられる。例えば、西光は戦時下、アジア・太平洋戦争を帝国主義戦争と捉える目を持っているのにもかかわらず、日本だけは帝国主義ではない道義的国家であると判断する。そして日本に道義性が存在するという見方をそのまま保持して和栄運動に転じていくのである。

これは人によっては受け入れられない内容かもしれない。事実、前節で触れた吉田は、西光が「天皇制社会主義」であるという宮崎の指摘に寄せて、「そこまで清濁併せのむ度量は私にはありません」と述べている[17]。なるほど、西光の姿勢はたとえばマルクス主義の立場から見ると史的唯物論の立場を西光が採っていないことを意味するであろうし、またはっきりその立場でなくとも、公式的な解放運動の理論から言えばかなり乖離していると言いうるであろう。逆に右翼的立場ならば非常に共感を持って受け入れられるかもしれない。

西光は時代を超えて強力な影響力を持つ思想家であり芸術家であるから、西光に対して何らかの心情が働くことを筆者は否定するものではない。それどころか、感動と共感がなければ水平社宣言も荊冠旗も、ひいては和栄運動も結局は理解できまい。感情の動揺はむしろ、西光理解のための必須の条件でもあるだろう。だがその感動を正確なものとするためには、予め正確な知識が要求される。

そのためには事実に直面した際の第一次的な情動を抜きにし、事実全体をフラットに見渡して理解し再構成する操作が必要である。それをするのが実証主義を身に着けた研究者の仕事である。ただし本研究は和栄運動の原点および展望を紹介し評価することが目標となるのであるから、最終的には情動面も含めた理解に供するような論点構成が必要であろう。

四　考証作業の実例

和栄運動を理解するための資料整理を行うなかで、多岐にわたる論点が生まれてくることになる。これらは今後の作業のなかでさらに育っていくことであろうし、その作業のなかでこれまでに発表された研究論文の意義もまた深めて理解されていくことになろう。その過程で、和栄運動をあらためてどのように理解するかという問題が現れてくる。そこで最初に問題となるのは、師岡の言う「西光の思想と行動にはかえりみなければならない多くがみられる[18]」という期待の通りに今後とも研究を進めてもよいか、ということである。この点に関して、考証作業の実例を兼ねて初歩的な検討を行っておきたい。

日本国憲法、具体的には平和主義や民主主義との関係で和栄運動を評価するに際しては、西光の生涯の思想遍歴とかかわり、水平運動・農民運動・国家社会主義運動が具体的にどのように取捨選択され、止揚されているかということが問題となるであろう。一般論としては、水平運動・農民運動は基本的人権とかかわり肯定的に止揚されており、かつ国家社会主義運動は戦争責任とかかわり否定的に止揚されていることが望ましい。ただし望ましいことと実態とは必ずしも一致するとは限らない。

ここで興味深いのは、朝治武が西光を引用しつつ論じた次の一文である。[19]

【西光の発言—筆者注】創立宣言にも見る如く「人間に光り(ママ)あれ、人世(ママ)に熱あれ」てふ人道主義ではあるが、しかも其の運動の実際は、人道主義思想の埒外に奔流して、無政府主義的要素と社会主義乃至共産主義的要素とを多分に混じた赤黒き思想の指導下にあつて、当時の国体不明徴なりし自由主義的資本主義的社会を横行したものである。かくてまさしく水平社とは皇国日本に対する反逆の名であり、そこには厘毫も国体的意義は含まれてはゐない。

【朝治の論述─筆者注】「人間に光り(ママ)あれ、人世(ママ)に熱あれ」に見られるように、「宣言」の引用としては正確さを欠いています。それよりも重要なことは「宣言」に導かれた全国水平社と水平運動を厳しく批判し、自らが展開していた日本主義的な新生運動の立場から水平社は「皇国日本に対する反逆の名」であるばかりか「国体的意義は含まれてはゐない」としたことです。つまり「宣言」の作成に中心的な役割を果たした西光は日本のアジア太平洋地域への侵略に合わせて天皇制を支持し、その立場から「宣言」から引き継がれる全国水平社と水平運動を完全に否定するに至ったのです。このように西光が「宣言」と水平社を否定するに至ったことは、「宣言」と水平社の歴史にとって等閑視できない重要な一局面として記憶に留めておくべきでしょう。

朝治は問題提起にとどめているが、ここからは西光が国家主義に目覚めた理由が窺えないだろうか。西光は水平社を批判するが、「其の運動の実際は」とあるように、批判先はあくまでも水平社の運動であって水平社宣言そのものではない。論旨の運びを信頼するならば、水平社の運動が「人道主義思想の埒外に奔流」するとは「赤黒き思想の指導下」に入ることである。西光が国体的か反国体的かの二者択一が前提しているとするならば、反国体的「赤黒き思想」(赤=社会主義・共産主義、黒=無政府主義)と、国体内での人道主義とが対立して捉えられることになる。つまり西光において人道主義は国体的であり、したがって水平社宣言は水平社の運動と異なり「国体的意義」を持つことになろう。

右は西光が国体的／反国体的という二分法を思考の前提としていると仮定して議論を進めたものに過ぎず、本来ならばこの二分法を取っていたかどうかをさらにチェックする必要がある。だが右の事実だけでも、この時期の西光にとって、人道主義と国家主義とは結びついている可能性が高く、一方無政府主義および社会主義とは全く結びついていなかったというところまでは断言できるだろう。一般に、思想家や運動家は自身の持つヒューマニズムが国家主義と対立し、結果として国家主義を批判して無政府主義や社会主義に結びついていく場合が多いが、西光において文献からは右の通りとなる。

第二節・第三節でも述べたように、これまでの研究ではこうした西光像をいわば罪過の象徴と見做し、そこで転向あるいはその他の難点を指摘して終わるのが普通であった。だがそうした姿勢では和栄運動は検討できず、したがって西光の本来の意義および限界も摑めない。むしろ評価を保留して事実を淡々と解明していくことが必要である。そのためには年表作成や原本校訂その他様々な手続きが必要である、というのが本論が繰り返し述べてきたことである。

例えば、ある種のロマンチシズムとしては、西光は三・一五事件で逮捕・収監されていたから、何らかの拷問の結果、思想が捻じ曲がり、右のように人道主義と国家主義とを混同するに至った、と考えたいところであろう。戦時下の左翼運動が晒された状況から常識的に考えれば、何らかの拷問によって思想が捻じ曲がったと見るほうが自然ではある。だが研究の立場からの問題は、それを西光に即して実証し確定できるかどうかである。

関係する要素を挙げれば、たとえば獄中での西光は、はじめ所長に好まれたが、共産党員に敬意を示したので憎まれたという。[20] ここからはその後の拷問等の可能性が浮かび上がる。だが下獄前に共産党の「上級機関へ日本の国体問題について再検討を要求した」ともいう。[21] こちらからは国家主義との結びつきが浮かび上がる。要するに現時点では、西光の思想を捻じ曲げるような何かがあったとも無かったとも資料上断言できない。今後の検討課題である。

実証的考察の任務は確実なものに確実なものを積んでゆくことである。そして右資料から現時点で確実な事実と断定しうるのは、出獄後の西光が人道主義を包含するものとして国家主義を考え、同じ姿勢によって無政府主義・社会主義を排除していたことのみである。和栄運動もまた何らかの意味でその延長上にある。したがって、国家主義と人道主義との結びつきの改造が和栄運動の出発点となったとみられる。ではどの点を改造したのか。現時点で読み得た記述として、「略歴と感想」（一九四七年一一月執筆）から二つ引いてみる。

この戦争は日本の帝国主義的侵略の悪意によってのみ行われたものではなく、日本も戦いを通じて他を責めることによって、自らの悪業をも反省し、精算するであろう。[22]

日本がその悪業のために破れ、自分がその悪業を浄化するための真の智慧と気力を欠いて、その悪業に引きずられていた。[23]

戦時下の西光にとって、人道主義は国家主義によって高次的に実現されるはずのものであったと考えられる。しかし実際は、国家主義日本にはそれを実現する能力は到底なく、西光もまた（西光の主観的な認識としては）「引きずられ」たのであった。したがって西光は「自国の悪業に対する私の良心のマヒ[24]」を反省するに至ったのであろう。

戦後の西光は、自身の戦争協力について反省する一方、国家主義を切り離さずに平和主義に向かったようである。師岡は「この思想について正面切って論ずることはなかったが、戦後の西光の行動の底流だった」と述べている。[25]和栄運動を通じて、人道主義および国家主義は高次的に実現されると考えられていたのではないだろうか。

精密な実証は今後のことであるが、もし右のようであるとするならば、西光の構想した和栄運動は、人道主義が保存されているという意味で解放運動と連続している一方、国家主義のいわば新装版でもあるわけである。それは同時に無政府主義・社会主義の排除でもある。これらは西光において密接に結びついており、従って和栄政策に一種の陰影を与えている、と一応は取るべきであろう。これを西光の限界と見るか、戦後ナショナリズムの一形態と見るか、あるいはまた別の見方を考えるか。これは今後の課題である。

おわりに

以上、和栄運動を検討するにあたっての論点を一瞥してきた。現時点では着実な事実認識を続けていくことが必要であり、そのなかで和栄運動の評価もまた固まっていくであろう。しかし西光自身が非常に強力な思想家であり運動家であることから、我々自身の態度が揺らされる面が必ず出てくるであろう。そのときは十二分に揺らされればよいと思われる。それを通じて、我々自身が思想を深め、新たな評価を開拓していくことが必要となる。

最後に、世界連邦運動―和栄運動―西光万吉他関係者を評価するにあたり、そもそも歴史解明の展望をどこに置くべきかという問題に触れておきたい。一つの考え方としては、戦後史の研究課題あるいは視角として、日本国憲法の提示する平和主義・民主主義の観点から日本の戦後史を見ていくべきであるという立場を取ることができる。そのとき重要な課題となるのは、平和主義・民主主義の理念をより押し広げようとした人びとの事績を掘り起こし、比較しながら、あらためて位置づけていく作業である。その作業のもとに和栄運動を位置づけていくことは当然可能であろうし、また必要でもあろう。

とはいえ、その視点のみでは日本国内のいわば内輪の議論に収まってしまわないだろうか。そもそも、日本国憲法までは一国史の枠とほぼ同義に捉えられるが、世界連邦運動は到底その枠組みには収まらない。またかつてのマルクス主義史学のように各国並列の発展図式やそれと連動した論点で歴史を論じることについては批判が強まっている。あるいは世界史の見方を切り替えて大きく東アジア地域の枠組みのなかでのいわば日本地域での特徴ある出来事と捉える方が生産的な議論が提示できるかもしれない。視野を可能な限り押し広げ、柔軟に考えていく必要があろう。今後の課題として挙げておきたい。

参考文献一覧

以下、現時点で収集し得た和栄運動に関わる主要参考文献を掲げて今後の研究に供したい。

一、資料的性格が強いもの

注記――私家版もしくはそれに類するものが多く、書誌情報が不明確な書籍が少なくない。その旨了承されたい。

1、西光万吉にかかわるもの

『西光万吉著作集』(全四巻。坂本清一郎・難波英夫・木村京太郎・北川鉄夫監修)涛書房、一九七一―七四年。

西光万吉にかかわって当時集められた著作をもとに取捨選択の上テーマ別に刊行されたもの。和栄運動の時期については主として第三巻と第四巻に分載。西光の著作を見る上での基本書籍であるが、年記が欠如しているなど編集に問題が多く、他書との突き合わせが必要である。なお各巻末および月報に関係者の談話や解説等を載せ貴重である。

『西光万吉の絵と心』西光万吉画集刊行会、一九九〇年。

西光万吉の絵画を集めたもの。西光万吉の絵画についての概説が付される。他に見られない関係者の証言もあり興味深い。

『西光万吉集』解放出版社、一九九〇年。

西光万吉の主要著作を集めたもの。宮崎芳彦による詳細な年譜があり貴重である。収載分のみとはいえ校訂が精密である点も研究上貴重である。

『西光万吉蔵書目録』清原美寿子編、一九八七年。

西光万吉の蔵書目録。西光没後の段階で具体的にどのような本が存在したかを示しており貴重である。ただし日本十進分類法に基づいており、西光の書籍が具体的にどの本棚にどのように置かれていたかを復元することができない点は惜しまれる。

『部落解放　西光万吉生誕百年』、『部落解放』三九〇号、一九九五年六月。

西光万吉について多様な人びとが思い出を語っており興味深い。

『平和への巡礼』西光万吉顕彰基金運営委員会、一九八五年。

西光万吉に関連する証言等を収める。他に見られない証言が数多く貴重である。

『部落解放運動と米田富』奈良県部落解放研究所編刊、一九七七年。

西光の同志であった米田富の回想を収める。ところどころに西光との関係が見え、貴重である。

『部落解放　特集西光万吉の人と芸術』二四七号、一九八六年六月号。

清原美寿子「西光万吉と絵」『部落解放』第一二〇号、一九七八年七月。

『部落解放』二四七号は複数名の証言ならびに「西光万吉戯曲／シナリオ／小説リスト」「西光万吉画業リスト」を収載。いずれも芸術家としての西光万吉について多様な側面から語られており興味深い。このほかにも『部落解放』バックナンバーほか様々な場所に、水平運動の時期を中心に西光について語った文献が複数収められていることを付記しておく。

2、世界連邦運動にかかわるもの

エメリー・リーヴス『平和の解剖』毎日新聞社、一九四九年

世界連邦建設の展望を初めて示した著作。国家を相対化し、軍備と法治によって支配された世界連邦像を提示する。社会主義国家を相対化している点で西光も含め社会主義に飽き足らない人びとの受け皿となったこともまた推定しうる。

世界連邦建設同盟編刊『世界連邦運動二〇年史』一九六九年

世界連邦運動自身による運動通史。世界連邦運動に関わる多様な情報が収録されており貴重である。ただし運動内部の書籍であることから他の運動との比較等は含まれず、多様な視点からの客観化が必要である。

加藤俊作「運動としての世界連邦論」日本平和学会編『世界政府の展望』早稲田大学出版部、二〇〇三年一一月

世界連邦の全体像を示した論文の一つ。本文でも触れたように、世界連邦運動の研究はあまり多くなく、右の諸論考を踏まえた今後の研究が求められる。

寺島俊穂『戦争をなくすための平和学』法律文化社、二〇一五年。

世界連邦運動を含む非暴力思想を評価する論文としておそらく最新のものの一つ。著者自身世界連邦運動にいくらかかかわっていたといい、その意味でも興味深い。また参考文献一覧からは世界連邦運動について更に深めて理解することが期待

でき、その意味でも興味深い。

二、研究書・研究論文

1、『西光万吉著作集』収録分（回想を含む）

木村京太郎「西光万吉―人と思想」（第一巻）
北川鉄夫「西光万吉の劇作の思想」（第一巻）
坂本清一郎「七十年の友、故西光万吉について」（第二巻）
木村京太郎編「西光万吉　略譜」（第二巻）
平野義太郎「西光さんの平和思想」（第三巻）
清原美寿子「回想　夫・西光の想い出」（第三巻）
難波英夫「西光万吉の人と思想」（第四巻）

いずれもそれぞれの立場から西光の思想や運動を語ったもの。とりわけ木村京太郎「西光万吉―人と思想」平野義太郎「西光さんの平和思想」は和栄運動とかかわる西光理解の基本的な文献の一つとすべきであろう。ほかに各巻月報があり、それぞれ貴重な事実を提供している。

2、研究書

諸岡祐行『西光万吉』清水書院、一九九二年（新装版二〇一六年）
西光万吉についての初の評伝。『西光万吉著作集』を基本的な資料とし、水平運動から和栄運動に至る西光万吉の生涯を見通す。ただし資料的な制約から不十分な点が散見される。
加藤昌彦『水平社宣言起草者　西光万吉の戦後』明石書店、二〇〇七年

和栄運動期の西光万吉の実態に迫る最初の書籍。西光の事績とその年月日を明確にしている点でも貴重である。一方歴史的背景の分析は不十分であり、今後の作業が求められる。

朝治武『アジア・太平洋戦争と全国水平社』解放出版社、二〇〇八年

必ずしも西光および和栄運動を主題とするものではないが、戦時下の西光の事績を歴史的に検討するものは類例がなく重要である。また「水平運動・農民運動の時期、出獄から敗戦までの国家社会主義および日本主義運動の時期、戦後のいわゆる和栄運動の時期という三つの時期の独自性をふまえながらも西光に貫くものを明確にし、全体像を描くことが必要とされる」（一六四頁）という指摘も興味深い。

吉田智弥『忘れさられた西光万吉――現代の部落「問題」再考』明石書店、二〇〇二年

西光万吉転向論の動向を整理しており貴重である。こうした視点は絶対に必要であるが、本論でも述べたとおりそれが却って戦後西光の理解を妨げた点についても視野を及ぼしておきたい。

宮崎國臣『至高の人　西光万吉――水平社の源流　わがふるさと』人文書院、二〇〇〇年

水平社宣言に力点を置いて西光の生涯を語ったもの。そのため戦時下から戦後にかけての西光は末尾の二章で比較的簡単に触れられるに過ぎないが、転向論とかかわり「部落からの転向はないのである」（二二三―二二四頁）とする指摘は重要である（なおこれに先立ち、『西光万吉著作集』月報一で住井すゑが同内容の指摘をしている。両者の関連の有無は未詳）。

朝治武・守安敏司編『水平社宣言の熱と光』解放出版社、二〇一二年。

水平社宣言の歴史的意義を解明しようとする著作であり、関連して西光がたびたび登場する。西光と水平社とを結びつけた研究書・論文は数多く、ここではその一例として紹介しておく。

３、研究論文

加藤昌彦「西光万吉と世界連邦運動」『関西外国語大学研究論集』第六四号、一九九六年八月。

加藤昌彦「エスペラントと西光万吉」関西外国語大学人権教育思想研究所紀要『人権教育思想研究』第二号、一九九九年五月

加藤昌彦「賀川豊彦と西光万吉の出会いと乖離」『関西外国語大学研究論集』第六三号、一九九六年二月。

加藤昌彦「ガンディーと西光万吉（上下）」『関西外国語大学研究論集』第六五、六六号。一九九七年二、八月。

加藤昌彦「西光万吉と戦後インドとの交流」（上中下）『関西外国語大学研究論集』第六七、六八、七〇号、一九九八年二、八月、一九九九年八月。

加藤昌彦による一連の研究。これらの研究をもとに『水平社宣言起草者　西光万吉の戦後』が執筆された。

4、和栄運動から触発を受けた文章

友永健三「西光万吉さんから学ぶこと」人権行政確立紀の川市実行委員会・一般社団法人西光万吉顕彰会編『平和と人権の扉をひらこう！』二〇一八年。

西光万吉から学ぶこととして水平社宣言と和栄運動を挙げる。また和栄運動を世界記憶遺産にするよう提唱している点でも示唆的である。

小笠原正仁「差別撤廃から国際平和貢献への道筋」君島東彦編著『非武装のPKO　NGO非暴力平和隊の理念と活動』明石書店、二〇〇八年所収。

加藤昌彦『水平社宣言起草者　西光万吉の戦後』の読後感を示す。解放運動と平和運動の関係について、「われわれには、なにか、よほどの距離を感じさせる課題であるが、非戦平和の日常的な取り組みの基本が人権にあり、その人権を支える個別具体的運動が部落解放運動であれば、非戦平和の運動と部落解放運動はなんら矛盾するものでなければ、距離のあるものでもないのである」（一六〇頁）という指摘は和栄運動の評価において示唆的である。

謝辞　本論を執筆するに当たり、朝治武先生、加藤昌彦先生、友永健三先生ほか諸先生方、ならびに飯田敬文氏（西光万吉顕彰会）、大賀正行氏ほか様々な方々から示唆を賜りました。ここに記してお礼申し上げます。

脚注

1　加藤昌彦『水平社宣言起草者　西光万吉の戦後』明石書店、二〇〇七年（以下加藤書と略称）。七一―七二頁。

2　なお加藤は「いつ頃、西光万吉がこの世界連邦運動の重要性に注目したかは定かではない」とし、西光の妻美寿子および田結庄哲治の証言をもとに、西光の注目時期を一九五八年ごろであると説く（加藤右同書一五八頁）。しかし一九五一年に西光が執筆公表した「不戦日本の自衛」に、「不戦国家は法治世界を求め、世界連邦を望む」（『西光万吉著作集』第三巻三四頁）「平和省につひては／既に日本の世界連邦建設同盟でも提唱されたし」（同四一頁）とあるので、西光は世界連邦運動から少なくともヒントを得て、いわばその手続き論として和栄政策を考案したと考えるほうがより妥当である。

3　加藤書、四―五頁。

4　師岡祐行『西光万吉　人と思想』清水書院、二〇一六年新装版（初版一九九二年）（以下師岡書と略称）六―七頁。

5　『西光万吉著作集』第三巻所収。

6　エメリー・リーヴス『平和の解剖』（原題〝The Anatomy of Peace〟）毎日新聞社、一九四九年。

7　『世界連邦二十年史』世界連邦建設同盟編刊、一九六九年、所収。

8　日本平和学会編『世界政府の展望』早稲田大学出版部、二〇〇三年。

9　寺島俊穂『戦争をなくすための平和学』法律文化社、二〇一五年。

10 前掲注8、巻頭言iii頁。
11 師岡書、三—四頁。
12 吉田智弥『忘れさられた西光万吉——現代の部落「問題」再考』明石書店、二〇〇二年。三五—四一頁。
13 師岡書、二二三頁。
14 師岡書、二三九頁。
15 朝治武『アジア・太平洋戦争と全国水平社』解放出版社、二〇〇八年。三五八頁。
16 同頁。
17 前掲吉田『忘れさられた西光万吉——現代の部落「問題」再考』三八頁。
18 前掲注4参照。
19 朝治武・守安敏司編『水平社宣言の熱と光』解放出版社、二〇一二年。一一一—一一二頁。
20 『西光万吉著作集』第三巻、四六六頁。
21 同第一巻、八八頁。
22 同第一巻、九四—九五頁。
23 同第一巻、九六頁。
24 同第一巻、九五頁。
25 師岡書、一七三頁。

「一向一揆起源論」と現代の部落差別についての一考察

和歌山人権研究所　理事　小笠原正仁

はじめに

部落差別という行為が間違っており、憎むべきものであることは誰もが認めることであり、あらためていうまでもないことである。それは、人間の本質的平等の思想を具現化し、規定した日本国憲法においても明らかである。そのように本質的なことであるにもかかわらず、現在もなお差別行為は存在している。[1]この憲法の目的を達成するためにさまざま手法がとられなければならない。差別事件が個別的に生起することを考えれば、臨床的事例に対して、対症療法的な手法も必要とされる。そして、部落差別それ自体の本質的考察からの取り組みもまた必要となる。

かつて筆者は、近世賤民制度の本質を論じた石尾芳久の提起した「一向一揆起源論」について、以下のように述べた。

石尾芳久氏によって提起された「一向一揆起源論」は、通俗的には先祖探しレベルで理解されている節がある。つまり、いわれているところの貴種流離譚や落武者伝承に符合させて、先祖は武士だったとか、そうでなくても、賤民ではなかったと考えるのである。もちろん、氏も賤民の起源を永遠の過去に遡らせる方法論を批判して、氏の説を提起されたのであるが、それは、賤民制度そのものを権力支配の産物として相対化するという立場でのことで、個人の問題に還元していいということではない。[2]

石尾芳久は、戦後、マックス・ヴェーバーの社会科学の方法論、とくに翻訳やその解説などによって、その手法を日本に紹介し、学会に貢献してきた一人である。彼が、被差別部落の歴史的起源を論じるというのは、あくまでもヴェーバーの方法論に従って、その歴史事象の概念と本質を理念型として提示するということである。今一度、石尾の提起した「一向一揆起源論」を考えてみたい。

理念型としての一向一揆起源論

その理念型と歴史学について、マックス・ヴェーバーは以下のように述べる。

カントに帰りつつある現代認識論の根本思想、すなわち、概念はむしろ、経験的に与えられたものを精神的に支配する目的のための思想手段であり、またもっぱらそうしたものでありうるにすぎない、ということを、徹底して考え抜いた者にとっては、鋭い発生的概念が必然的に理念型であるという事情は、そうした理念型の構成に反対する理由とはならないであろう。かれにとっては、概念と歴史的研究との関係が逆になる。上記の〔歴史学派のいう〕最終目標は、彼には論理的に不可能と思われ、概念は目標ではなくて、むしろ、個性的な観点からみて意義のある連関を認識するという目的のための手段である。そして、まさに歴史的概念の内容が、必然的に変遷を遂げるからこそ、歴史的概念は、そのときどきに必然的に鋭く定式化されなければならない。かれが要求することは、ただそうした概念を使用するにあたって、それが理想的な思想形象である性格を注意深く堅持し、理念型と歴史を取り違えないようにすることだけであろう。[3]

石尾が提起した「一向一揆起源論」はこのヴェーバーのいうところの「理念型」である。それではどのような理念型を、石尾は提起したのか。[4]

近世賤民制の本質は、思想弾圧を目的とする賤民制という点にある。[5]

これが、近世賤民制度の本質であり、理念型なのである。これを彼は歴史的過程に対応させる。

被差別部落の起源が、天正八年の石山本願寺合戦における勅命講話以後、なおも抵抗の闘争をつづけた一向一揆を粛正する過程において決定的に成立したという事実も、右述した近世賤民制の本質と必然的な関係にある。[6]

弾圧された思想というのは、一向一揆粛清過程において対象となった思想である。そのことを具体的に続けている。

一向一揆は、仏のもとの平等という思想をもって呪術的な血統観念・差別観念を克服して平等な信仰団体を形成すること、その意味における自治的都市（寺内町――宗教的自治都市）、自治的農村（惣村）を形成する宗教的一揆であった。人民の自治的精神の土台となる運動であった。

それ故、勅命講和以後もなお抵抗をやめなかった一向宗の門徒衆は、最も強烈な自治的精神を有する信仰の人々であった、ということができるであろう。[7]

すなわち、粛清対象となったのは、一向一揆という宗教的自治都市建設運動を担った人民であり、かれらの持っていた自治的精神であり、それを支えた浄土真宗の思想であり、信仰であった。その弾圧の日常化がその後の支配を構築する専制主義的権力によって行われる。

織豊政権や幕藩体制の専制主義的権力にとって、これらの人々の精神を骨抜きにすることが権力の人民統治の一の主要な目標であったのである。人民の自治的精神を喪失せしめる最も有効な手段は、人民を身分差別の体系の中に編入することである。就中、最下層の賤民身分に身分貶下することである。賤民身分に身分貶下された人々は、些少な一段階でも上昇しようとする地位志向性の心情に陥らざるを得ない。このような心情を利用して事実上の意味の役人として警察・行刑役を負担せしめたのが近世の専制主義の権力であった。[8]

石尾のいう「役人村」の形成である。しかし、ここで重要なのは、「身分貶下された人々は、些少な一段階でも上昇しようとする地位志向性の心情に陥らざるを得ない」という指摘である。これは、弾圧による身分貶下の内面化である。差別され、抑圧された人々が、その投げかけられた差別をみずからの意識に内面化するというのである。さらに続けて石尾は述べる。

人間性蔑視の極限を示したものである。賤民身分に身分貶下されて地位志向性の心情におとしいれられた人々の間には、かつての自治的連帯の団結は存在し難くなるという傾向がある。自治的連帯は解体に瀕しているのである。かくして、自治的精神と深いつながりのあった純粋の宗教的真情は、徹底した弾圧をうける状況となった。ここに近世賤民制の本質が思想弾圧を目的とする賤民制であるという理由が存する。[9]

賤民制度の構築を、このような民衆の分断を進める意識づけとともに行うために、それまで民衆自治の旗頭として「寺内町」を率いていた大寺院の宗教的指導者の「転向」が決定的となる。

身分差別の体系の重圧を人民に思い知らしめることは、専制主義的権力と、真の意味の宗教思想を喪失し呪術観念の温床へと転向した大寺院との合作によって行なわれた。太閤検地における全国的な「かわた」身分創設と接続する時期に穢寺組織がつくられ、差別戒名がつくられたという事実は、身分差別の重圧が死後にも継続する重圧であることを思想的にも徹底し、身分体系に包摂されるよりほかに生きる道がないことを人民に思い知らしめようとした賤民制――思想弾圧を目的とする賤民制であることを明証するといえよう。[10]

そして、幕藩体制は、それまで中世における法の支配のいくつかの発展の可能性を否定し、ヴェーバーのいう支配類型の一つである「家父長的家産制」の性格をもつ「専制主義的権力」へと進むと石尾はみるのである。

幕藩体制の思想弾圧を目的とする身分差別政策は、広く人民一般を統治する基本政策であった。近世における人民の民事紛争について内済が原則であったことは、周知の事柄である。人民が法廷闘争の主体となることをできる限り拒否しようとする近世裁判体制の基本方針があった。これは、法廷闘争が階級闘争の原点であることを、専制主義的権力はよく承知していたのである。

近世の賤民制は、このような専制主義的権力の思想弾圧を目的とする人民に対する統治政策・身分政策の極限の権力政策を意味する。[11]

石尾は、専制主義的権力の民衆支配のメルクマールを「太閤検地」における「かわた記載」とみている。

織豊政権は、中世的身分を継承しながら形成してきた民衆共同体をあらためて「太閤検地」によって、その身分解放への契機を否定する身分政策の楔を打ち込んだのである。そして、戦国末に決定的な人民の抵抗運動の粛清として行われる紀州雑賀根来攻め以降の歴史過程に、身分貶下の歴史的証拠をみようとした。それが、蓮乗寺文書であった。

蓮乗寺文書による歴史的実証

石尾は、蓮乗寺文書の「正月廿四日付大田退衆中宛顕如消息」[12]の年紀を、文書の内容から水攻めの翌年の天正一四年（一五八六）と推定し、この地域が被差別部落であることから、「大田退衆」――水攻めの後降伏して、太田城から退城した人々が、そのまま「帰農」したのではなく、身分を貶下されたとしたのである。

しかし、石尾が年紀を推定した文書は、当初より天正五年とされ、秀吉の紀州攻めではなく、織田信長の雑賀攻めの際のものとされていた。そして、この文書については、金龍静によって『石山法王御書類聚百通全』（京都・専応寺蔵）の二〇番目に登場するものとして紹介され[13]、そして、顕如花押の形から天正五、六年以前とされている。その文書が、当時は、太田村玄通寺に所蔵され、その後流出したものと武内善信は述べている[14]。なお、「大田退衆」と呼ばれた人々についても、本願寺合戦中に、信長方から離反して雑賀一向一揆側（顕如側）についた門徒たちであるとしている。さらに、顕如の花押の考証なども含めて、「正月廿四日付大田退衆中宛顕如消息」は、天正五年に発行された可能性が高く、太田城水攻めとの関係、さらには、被差別部落成立との関係も希薄となる。武内によれば、最後の一向一揆とされている、太田城の水攻めも、その歴史的段階ではすでに一向一揆ではないともしている[15]。

すなわち、紀州雑賀の一向一揆を粛清する過程で身分貶下が行われたことを、蓮乗寺文書によって実証することは極めて分の悪い現状である。

理念型という方法論

しかしながら、蓮乗寺文書によって身分貶下の事実があったという根拠が薄弱となったとしても、石尾の提起した近世賤民制度の本質＝理念型そのものが否定されたというわけではない。

重要なことは、先に引用したように、「理念型と歴史とを取り違えないようにする[16]」ことである。際限のない記述が歴史を明白にすると勘違いせず、概念的に再構成され加工された表現としての理念型の道具としての使用こそが、社会科学における比較と類推を可能とすることは言を俟たない。

つまりは、石尾は、中世から近世へ時代が移行する際に、賤民制の質的変化を「思想弾圧の手段」としてとらえており、①民衆に対する身分による広範な分断政策が太閤検地で行われ、②転向した大寺院（教団）がその日常的教化を行うという図式として提起しているのである。

蓮乗寺文書は、この②の状況を示すために援用された史料である。くりかえすが、石尾説が理念型である以上、この史料的根拠が薄弱となったとしても、提起された理念型そのものが否定されたわけではない。

さらにいえば、石尾説がこのような権力支配に対する理念型である以上、近世賤民制はひとり被差別部落だけの問題ではない。差別による社会秩序は民衆の自治思想の弾圧として機能しているのである。

ところで、このような近世的身分制度を日本は明治以降の「近代化」の過程で克服してきたはずである。近代法継受の過程で、合法的な支配も確立してきたのである。さらには戦後、平和と人権の憲法も制定された。

しかしながら、そのように前近代的身分制がなくなったとされる現在においても、部落差別は存在する。そうすると、近代以降においても存在する部落差別については、石尾の言う理念型としての近世賤民制度の本質＝自治思想弾圧の視点から、さらなる検証が必要となる。

一向一揆起源論と現代の部落差別

民衆自治の思想弾圧が、近世賤民制度の本質であるとして石尾はその理念型を提示したのは述べたとおりである。それは民衆が、支配イデオロギー、あるいは権力支配に対して批判原理をもちえない状態を表しているということである。

つまり、近世賤民制度における、民衆に対する思想弾圧の状況は、権力が「合理的法の支配」を拒否することを示している。これは、近世幕藩体制が法を公開せず、「内済」をすすめ、裁判による「私権」の形成を拒否していたことを説明するものである。

これこそが石尾説が提起した近世賤民制の理念型の重要な要素である。つまり、賤民制度はこれらの「近世的法の支配」（暴力的支配）とも整合的であり、権力への批判を許容しないものとして維持され、民衆の監視に利用されたのである。

それでは、明治初年に「解放令」が出され、その後、西洋法の継受が行われた日本の「近代化」において、この「法の支配」ということはどのようになっているのであろうか。

以下に考察を加えたい。

行政指導と自主規制[17]

基本的人権のうち、政治的自由を保障する表現の自由は、表現の多様性ということであると同時に、現在のイデオロギーに対する批判の自由を保障する意義をもつ。これは、表現の自由の淵源が信教の自由にあるとされることからも明らかである。

批判原理を許容することが表現の自由の本質である。これは、「検閲の絶対的禁止」が規定されていると通説で承認されているように、戦後民主主義を形成するための市民の絶対的な権利として考えられている。しかし、その現場での運用、あるいは表現のコントロールについては、さまざまな問題を抱えていることも事実である。

もちろん、基本的人権は、国家による抑圧、制限を禁止するものである。しかし、まったき表現の自由という権利がメディアに与えられているとは到底思えないのが現状である。このような状況を表現の自由を保障するとされる「自主規制」という行為をめぐって考察してみる。

そもそも、自主規制については、メディアだけに行われているものではなく、その他の業界において行政行為の一環としての行政学上のテーマとされている。

そこでは、日本における自主規制という場合、モデルは二つ考えられている。ひとつは、業界における自立的秩序維持を前提として、消費者保護の達成のために業界と行政が連携して、迅速に具体的に対応するための制度である「行政補完型」モデルであり、もうひとつは、行政による拘束性に傾いている「拘束型」モデルである。

基本的に、行政作用の効果を、法的手続きをふまず、前者は、行政との密な関係から、行政補完型とするものであり、後者は、その行政との関係を協力関係と見ず、拘束関係と見るものである。両者いずれにしても、自主規制の枠組みを自立的・主体的なものと考えている。

この自主規制のあり方を日本の行政手続きの観点から、「行政指導受け皿型」と考える三つめのモデルがある。これは、新藤宗幸が提起したモデルである。[18]

それは、「業界内団体秩序を形成・維持していくための行政的取引手段として機能している自主規制」である。

日本における行政の実態は、行政指導が日常的に中心となり、直接の法律根拠が示されずに一定の効果をあげている。その行政側の要請を、明示された法律の形をとらずに業界に受け止めさせるには、当然、業界の中に行政側の要請を受け止める受け皿が必要である。

一般的には、この行政指導のあり方は、行政の不完全さと業界による補完関係ということで考えられているのであるが、その点では、先にのべた「行政補完型」自主規制モデルと同じである。

ところで、ここには大きな違いがある。「補完型」や「拘束型」では、行政効果を生み出すことが目的であり、そこで消費者保護などが実現されていくと考えられる。しかし、「行政指導受け皿型」モデルでは、行政側は、法律による行政行為がその責任をめぐって裁判になったとき、責任の所在を明確にする証拠（法律等）を残さずに行政行為を行うことができるのである。さらには、業界の側にとっても、その行政側からの要請を情報として流すことによって、業界内に一定の秩序（競争回避）を作り上げることができる。そのことで、行政は、強力な業界からの協力を取り付けることができるわけである。業界側は、行政指導を業界内団体が「主体的に」受け止める結果、少々のデメリットがあったとしても、トップ企業が行政情報を独占することで、市場で不要な競争を抑制することができるのである。

すなわち、行政指導が非法律的作用として行政的効果を発揮するのは、業界側に自主規制があるからであり、その自主規制のシステムは、業界にたんに押し付けられたものではなく、業界において競争回避の秩序を構築するためのものであるというわけである。

業界における自由競争は、市場経済の大原則ではあるが、現実問題として、この競争という手法だけでは業界に疲労を生ずるやり方であることは明白である。あきらかに、産業の保護と発展という前提ではあるが、コストを考えた場合、業界の競争を抑制する、あるいはコントロールできるにこしたことはない。

つまり、行政指導と自主規制の関係は、行政側だけの、あるいは、権力だけの秩序維持作用というのではなく、業界側になんらかのメリットを与えることによって行政の法的な介入をできるだけ行わずに、業界のコントロールを行うというものである。

行政手続法が施行され、行政指導の定義や限定が行われたことは、たしかに意義はある。しかも、行政指導を違法行為として示した判例もあるが、現在もなお、業界内の秩序維持には、行政指導が利用されている現状がある。その理由は、行政側のメリットだけではなく、業界側にもメリットがあるからだ。

放送における自主規制[19]

それでは、放送制度における自主規制はどのようになっているのであろうか。もちろん、放送制度においても、その表現を規制するものは基本的に、放送局自身による自主規制である。

表現の自由について、日本国憲法第二一条に規定があるが、放送の自由について明文の規定はない。しかし、「言論、出版その他一切の表現の自由」と明記されているように、放送における表現の自由もこの規定によって保障されていると解されている。しかし、放送は、電波法や放送法といった放送の根幹に係わる法制度において規制が行なわれている。これについては、電波の希少性や放送の社会的影響力ということで説明されている。

放送というメディアが免許制度の下に維持されているというと、政府の言論統制下にあるような印象をもつが、この免許制度は、放送事業という、いわばハード面に対するもので、言論の主体としてのソフト面である番組内容については、放送法という別の法律によって規定されている。このことによって、言論統制とならないように制度と法規制のバランスをとっていると考えられている。

つまり、電波法及び放送法への違反が認められたときは、総務大臣によって、放送事業免許の停止という処分が可能なのであるが、この強制力があるからといって、すぐさま、放送番組編集の準則が拘束力を持つかといえば、そうではない。先にのべたように、日本国憲法第二一条・表現の自由の規定からいっても意見の分かれるところである。通説では、これらの規定による番組の準則等は、精神的・倫理的なものと解している。これが、放送番組の規制の中核である倫理規定や自主規制を支えるものだということなのである。放送が公共の福祉に奉仕し、公平性の要求に忠実な番組を制作することが、放送の表現の自由を確保することになると放送法制は考えているのである。

しかしながら、日本の放送における自主規制は、法律によって規定されていることに変わりはない。つまり、放送局は、自主規制することを法によって強制されているのである。ペナルティも規定されている。これは、自主規制が当事者の主体的・自律的な行為であることを考えれば、「他律的な自主性」といわねばならない。

政府は、表現の自由を保障するだけでよいはずである。しかし、放送制度における自主規制は、法によって規定されている。では、なぜ、このような自主規制なのか。最も、明確な答えは、日本国憲法第二一条という検閲の絶対的禁止を規定する条文との整合性である。すなわち、直接の法規制では、表現の自由の侵害であり、検閲となるからである。しかし、だからといって、社会的影響力をもつメディアに対して何の規制もなしに、行政としてはそのままにしておくことはできない。まさに秩序維持的発想・権力関心からいえば、放っておくことなどできないのである。

戦前・戦中と放送メディア（ラジオ）との確執を経験したアメリカの経験からいえば、放送メディアに対して公平原則（「フェアネス・ドクトリン」）の遵守を要求することは重要なことだったのである。皮肉にもアメリカにおいては「フェアネス・ドクトリン」をメディアに要求することは、表現上の萎縮効果をもたらすとして、すでに廃止されている。そもそも公平といっても具体的にどのような表現が公平なのか、何も示していないのと同じだということになり、廃止されているのである。もちろん、日本においてもその内容がたいへんにあいまいであるという指摘がある。

そして、自主規制として最も問題となるのは、一体、誰が自主規制するのかということである。自主規制の主体である。表現の自由や報道が視聴者のためにあるというのなら、自主規制の主体は視聴者の知る権利にそったものであって当然である。

しかし、一般に指摘されていることは、意思決定の最終的な権限が経営者や管理職の手に握られていることである。[20]つまり、自主規制の基準は視聴者ではなく、政府や企業の利益であり、そこには、基本的人権への配慮を欠いてきたという批判に充分にこたえることができないという事実もある。

自主規制の代名詞のように称されている差別語などのいいかえ集などについては、それがつくられている背景に、「それは、人々の基本的人権を守るためにとられた姿勢ではなく、むしろ放送局自体の利益を守るための自己保身の術にすぎないだろう[21]」という厳しい指摘がある。

前述したように、さまざまな業界における自主規制が本来、自律的規制ではなく、行政行為の受け皿としての他律的規制となってしまっているという指摘は、根強くある。そこでは、「長いものにはまかれろ」とか「さわらぬ神に……」式に主体性のないトラブル回避が日常化している背景を指摘されている。そして、そこでの自主規制が弱者に対するものではなく、組織防衛という面が強いということも指摘されている。[22]

たしかに、放送において制作現場を縛るのは、管理体制であり、人事権である。最終的にはそれがものをいうのであるが、その理由は経営者の恣意的判断というのではなく、経営者の自主規制的に判断された＝「忖度された政府の意思」である。つまり、自主規制は、表現のトラブルを未然に防ぐということだけでなく、放送局における秩序維持と、さらには行政側の意思との齟齬をなくすためにも機能しているのである。「表現の自由」という基本的人権をもちながら、放送局自らがその自由を放棄している状況を「自主規制」が示しているといえるであろう。

現代における部落差別と「法の支配」

ヴェーバーの、理念型として提示された資本主義の本質は、宗教改革による救済信仰によって決定づけられた生活行動が生み出したというものである。これは、マルクスのいう、資本主義の発展過程で宗教改革が生み出されたというものとは真逆の考え方である。

ただし、いずれも、資本主義、資本蓄積、信仰、などの歴史的に出現したものを因果論的に説明するもので、優秀な理念型であるといえる。そして両者ともに、資本主義の行く末（当時から現代）が「強欲資本主義」へと変化することも、「救済信仰の衰退」や「貨幣の物神化」というところから説明することもできる。それは、古代から現代へも続く資本主義の本質に対して深い洞察があることを意味している。

近世賤民制度の理念型としての本質の提示は、当然、部落差別をどのように克服すべきかという課題を含んでいる。

つまり、石尾の提示した理念型は、現代も続く部落差別から検証することも可能だということである。部落差別が現在も存在する以上、過去の歴史事象ではないのである。

石尾が思想弾圧とみなしたことは、合法的支配とは真逆の伝統主義的支配の一類型である家父長的家産制支配――権威主義的支配が近世に日常化し、本来、そのような社会秩序を批判的にみていく救済信仰がまったく育まれなかったことの論理的考察の結果である。そして、石尾によって近世賤民制度の本質として提起された課題は、現代もなお克服されずに、近世の民衆支配の手法を巧妙に引き継ぐ形で継承されているというのが筆者の見解である。それが以上に述べた、行政の肥大と法の支配の関係を考察した結果である。

おわりに

部落差別を「封建遺制」とみて、そのうちになくなるだろうという見解もある。また、前近代と近代を明確に分けて、考察する説もある。そして、「共同幻想」として下部構造の上部構造への働きを補完する説もある。さらには、「部落差別の解消の推進に関する法律」が「部落差別の存在」を前提として制定され、そのことによって部落差別を固定するという意見もあるが、「現在もなお、部落差別がある」ということについては、異論はない。その意味で、差別の現実に立った、今回の立法政策は解放の基本であるといえる。

この論説では、部落差別を現在的に考える視点として、基本的人権の法社会学的考察を前提とした。そのために、基本的人権のうち、政治的自由の基礎である「表現の自由」をとりあげた。

表現規制にかかわる、行政行為の肥大化は「法の支配」以外でのカテゴリーをめざし、それと闘うべき、本来権利を享受する側が、それを許容しているのである。みずからが基本的人権を放棄しているとしかいいようがない。

このように考えるならば、差別に対する意識変革は、根本的な制度変革をまず立てねばならないということは明白である。部落解放にとって、日本人の意識に働きかけるという「倫理的・道徳的」な課題より先に、具体的に権利を保障し、差別を禁止するということが重要なのである。

法制度が確立し、運用されれば、意識は変化する。たとえば、差別意識を持っていたとしても、具体的な差別行為を行わなければ差別ではないのである。差別を規制する法制度はそのような日常を保障する。そのためにも、規制法が必要なのである。「法の支配」を前面に出せば、「意識」ではなく、差別は「行為」だということが明白になるのである。[23]

以上みてきたように、部落差別は、ひとり被差別部落の問題だけではなく、「法の支配」という観点からの日本人の人権状況のメルクマールと考えることができる。つまり、「権力、あるいは秩序の表象として部落問題を考えるべき視点」が、石尾の提起した「一向一揆起源論」という理念型に示されているのである。

註

1 部落差別の存在について、「部落差別の解消の推進に関する法」の第一条に規定されている。

「第一条（目的）この法律は、現在もなお部落差別が存在するとともに、情報化の進展に伴って部落差別に関する状況の変化が生じていることを踏まえ、全ての国民に基本的人権の享有を保障する日本国憲法の理念にのっとり、部落差別は許されないものであるとの認識の下にこれを解消することが重要な課題であることに鑑み、部落差別の解消に関し、基本理念を定め、並びに国及び地方公共団体の責務を明らかにするとともに、相談体制の充実等について定めることにより、部落差別の解消を推進し、もって部落差別のない社会を実現することを目的とする」。

2 拙稿「『部落起源論』メモ」『仲尾俊博先生追悼論文集　信心の社会性』財団法人同和教育振興会編所収、一九九八年、一六三頁

3 マックス・ヴェーバー著『社会科学と社会政策にかかわる認識の「客観性」』富永祐治・立野保男訳、折原浩補訳、岩波書店（岩波文庫）二〇一八年、一四九頁

4 石尾芳久著『続・一向一揆と部落』三一書房、一九八五年、三頁

5 石尾前掲書、三頁

6 石尾前掲書、三頁

7 石尾前掲書、三頁

8 石尾前掲書、三頁

9 石尾前掲書、四頁

10 石尾前掲書、四頁

11 石尾前掲書、四頁

12 『打田町史』第一巻四一九頁

13 金龍静「石山法王御書類聚の紹介」

14 武内善信「紀州那賀郡井坂・蓮乗寺文書「大田退衆中宛顕如消息」について」（和歌山研究所通信四八号、二〇一四年）（『雑賀一向一揆と紀伊真宗』法蔵館、二〇一八年所収）

15 武内前掲論文

16 ヴェーバー前掲書、一四九頁

17 自主規制については、「和歌山人権研究所通信二〇一九年一月号」に掲載したものに加筆したものである。

18 新藤宗幸著『行政指導――官庁と業界のあいだ』岩波書店、一九九二年

19 拙著『著作権入門「アートと法」――表現の自由・自主規制・キャラクター』阿吽社、二〇一五年（一六章及び一七章）。なお、高橋重喜、小笠原正仁、西道実、上山武司共著「広告科学」第四〇巻「グローバリゼーション下における広告業界の自主規制システムの課題」二〇〇〇年、二一一頁―二二八頁において、広告制作の現場における表現の自由と自主規制についての意識調査を行っており、それらにもとづいてモデリングされたものである。

20 田宮武著『マスコミと差別語の常識』明石書店、一九九三年、二三頁

21 田宮前掲書、四六頁

22 新藤前掲書

23 これについては、中島勝住の主張と取り組みが参考になる。中島勝住著『〈差別ごころ〉からの〈自由〉を』阿吽社、二〇一七年

補注 石尾のいう大寺院の転向について、当の本願寺教団においては、「王法と仏法」あるいは戦時教学に明確に構築される「真俗二諦」が、その課題として置かれている。この「真俗二諦」と「自主規制」については、筆者は、「真俗二諦論ノート」（「同和教育論究」三七号所収）のなかで、「このように真俗二諦が現世において、行動としての他力本願の意味を眠らせてしまうとき、まさに社会に対する批判原理としての教えもともに喪失してしまう」と述べた。信仰の社会性というヴェーバーにとってはなんら問題とならなかったキリスト信仰の社会化が、日本仏教、すくなくとも浄土真宗においては、信仰は社会と切り離されているという民衆教化が、慎重にそして徹底的に行われているのである。それは、全国水平社の成立に対して表明された『親鸞聖人の正しい見方』に集約されている。

【本の紹介】　朝治武『水平社論争の群像』

全国部落史研究会　運営委員　渡辺俊雄

一

これまで水平運動史の研究に多くの業績をあげられ、現在は大阪人権博物館の館長として尽力されている朝治武さんが『水平社論争の群像』という著書をまとめられた。まずは、その目次を紹介しよう。

このうち、（＊）印を付した以外の二一のテーマは『部落解放』の第六七〇号（二〇一二年一二月）から第六九八号（二〇一四年九月）にわたって連載された内容に加筆・修正されたものだから、すでに読まれた方も多いだろう。

二

目次を一瞥してわかるように、本書には全国水平社の創立以降、その消滅にいたるおよそ二〇年にわたる主要な出来事が取り上げられている。筆者の朝治さんは、本書はいわゆる「通史」ではないとされている。

たしかに本書は水平運動を時代を追って記述したものではないが、本書を通して読めばその歩みを十分に理解できる構成になっており、「通史」の一つとして読むことを、まずはお勧めしたい。

とは言っても、本書は四六判・三八〇ページにのぼる力作だから、全ページを一気に通して読むことは、なかなか努力を要する作業ではある。そうした場合には、二七にのぼるテーマから読者が関心を持つテーマを選び、そこから読み始めてもいいだろう。たとえば「5　婦人水平社」を読むと、水平運動のなかで女性がどんな問題に直面し、何を訴えていたかが整理されている。本書はそれぞれのテーマが一話で完結する記述になっているから、そうしていわば拾い読みしても何の不都合もない。

あるいは巻末に人名索引が付されているから、それを頼りに関心のある人物に触れているテーマを選んでもいい。たとえば和歌山県に関係する人物で言えば、本宮の出身でのちに主に大阪で活躍することになる栗須七郎については、3・7・8・10・12・13の六つのテーマで記述されている。同じく岡本弥智夫（1）、岡本弥（1・22）、山岡喜一郎（9）や、女性では刀禰静子（1・5）が重要な人物として取り上げられている。その他2・5・9・12のテーマでも、和歌山県の動きに言及されているから、和歌山県の動向が戦前の水平運動のなかでどのような位置を占めていたのかを知ることができるだろう。

三

そして本書を読むと、改めて気づかされることが多い。私事を述べて恐縮だが、私は近年、戦前日本が植民地支配していた朝鮮で創立された衡平社という組織とその運動に関する史料を読むことが多いのだが、本書の「4　国際連帯」でも一九二四年の第三回全国水平社大会で、「朝鮮の衡平運動と連絡を図るの件」という議案が提出されたことに触れられている。周知の通り、同議案を含む「第三回全国水平社大会協議会提出議案」という史料は、二〇一六年にユネスコの「世界の記憶」として登録された。

ところで、その「朝鮮の衡平運動と連絡を図るの件」という議案は全国水平社の総本部からではなく、群馬県水平社から提出されたものだったことには、あまり関心が払われていない。なぜ、群馬県水平社がそうした議案を提出したのか、その経緯も明らかではない。

そんな思いを抱きながら本書を読み進んでいると「平野（小剣）が深く関係していた関東水平社は遠島（哲男）と密接な関係にあり、一九二四年五月に群馬県太田市の関東水平社本部内に『同和通信』の関東支社を開設するほどであった」（二〇八頁）という記述に出会った。

じつは、水平運動関係の機関紙で最初に衡平運動について取り上げたのは、関東水平社の機関紙『関東水平運動』第一号（一九二三年七月）だった。そこに掲載されたのは『進め』という雑誌に掲載された記事の転載だったが、『関東水平運動』の発行所は東京水平社本部であり、発行人は平野重吉（小剣）だったから、同誌の記事を『関東水平運動』に転載することには平野の意向が反映していたと考えられる。

また『同和通信』とは、その遠島哲男（とおじまてつお）という人物が一九二四年一月から発行していた情報紙だが、同紙にはしばしば朝鮮の衡平運動に関する記事が掲載されている。そして遠島は、同年八月に朝鮮の大田（テジョン）で開催された、衡平運動の歴史上で重要なある大会に出席していた。おそらくその時に遠島が知り合ったと思われる、慶尚北道・大邱（テグ）出身の金慶三（キムギョンサム）という衡平運動の活動家が、その後日本にやって来て、同年一〇月には群馬県水平社の大会で演説したことなどを『同和通信』が報じるなど、確かに群馬県水平社と遠島とは近い関係にあったことが推察される。

そうした一連の流れをみる時、第三回全国水平社大会で先の議案を群馬県水平社が提出した背景には、平野小剣あるいは遠島哲男という人物が存在したのではないかという想像が、たくましく膨らんでくるのである。

いささか私事に関わりすぎたが、本書はこうして読む人を刺激し、触発して止まない内容を数多く含んでいるのである。

四

ところで、朝治さんは本書でなぜ水平社の「論争」にこだわり、しかも「群像」すなわち「人」に着目したのか。

この点について朝治さんは「はじめに」で、ある著書（長岡新吉『日本資本主義論争の群像』ミネルヴァ書房、一九八四年）に感銘と刺激を受けたと述べておられる。要約しながら引用すれば、「何事もそうであるが……論争が魅力的であるのは、その論争が対立する論を突き合わせることによって論点が明確になり、総体的な理解に近づくからであろう。／しかし、論争をおこなう論争者は、あくまでも人である」（八頁）と。

現在の部落解放運動もそうだし、戦前の水平運動も同じだが、その運動の性格は「被差別部落」と称される地域に生活する人びとを基礎とする民主主義運動である。その地域には、そこが日本という社会の一部である縮図である以上、当然のことながら思想・信条も、経済的な基盤も、日本社会が多様であるのと同じように多様な人びとが暮らしている。

したがって、たとえば全国水平社がその究極の目標として綱領の第三項で「吾等は人間性の原理に覚醒し人類最高の完成に向つて突進す」と述べたとしても、その「人間性の原理」や「人類最高の完成」をどう受け止めるかは、人びとにとって異なったものだっただろう。人はそれぞれ、自分の思想・信条や経済的な基盤、成育歴や交友関係などに影響されながらそれを解釈し、頭に思い描くからである。

もちろん、水平社が一つの運動団体である以上、組織として一定の方向で運動方針を決め、それに基づいて活動するわけだが、その方針を決めるにあたっては、人びとは議論をかわし、時に「論争」を繰広げることとなる。そこに思想運動あるいは政治運動ではない民主主義運動としての困難さがあると同時に、つねに論争がつきまとうのは民主主義運動であるかぎり自然なことであり、むしろ健全なことでさえある。いささか言葉が適切ではないかもしれないが、そうした、多様な意見や様々な政治的主張を持った人びとを包含した運動だというところに、水平運動や部落解放運動の魅力があるように、私には思える。

普通いわゆる通史では、そうした論争をきめ細かく扱うことは難しい。本書でも取り上げられているが、アナ・ボル論争とか、全国水平社解消論とそれへの批判といった大きなテーマに触れられることはあるが、じつは運動のあらゆる局面でそうした論争は起きていた。

これはよく知られていることだが、全国水平社が創立の宣言や綱領で「特殊部落（民）」という用語を使ったことに対しては、当初から大きな議論があった。水平社が自らを「被圧迫部落」と称するようになるのは、その創立から一〇年以上たった一九三三年、高松結婚差別裁判に対する糾弾闘争の中でのことだった。

差別されるものにとって、自分たちに投げかけられる差別的な呼称を拒否してどのように自らを称するかは極めて重要な課題であり、その答を見出すのに長い時間を要する問題でもあったのだ。

五

そうした事実を目の当たりにすることで、水平運動の歴史が多様な人びとが集まり、さまざまな可能性を秘めた、豊かな運動だったことを、朝治さんは私たちに示してくれている。

しかし朝治さんは、そうした時々の論争の内容を単に要約するだけにとどまっていない。朝治さんは、その論争を担ったのが誰で、どのような立場や観点からそうした意見を述べたのかを丁寧かつ詳細に記することによって、その人物が拠って立つ背景などにまで分け入って描いていることが、面白い。

たとえば、私が好きな水平運動の活動家の一人に、大阪出身の泉野利喜蔵という人物がいる。泉野は本書にもしばしば登場するが、一九三一年の第一〇回全国水平社大会で全国水平社解消論が提起された時にそれへの反対の論陣の先頭に立ち、解消論を支持する人びとからの批判の矢面に立つ。では、泉野が解消論に強く反対したのは何故なのか。

泉野は全国水平社の創立にも深く関わったいわゆる「旧幹部」の一人であり、一九二八年に日本共産党への弾圧によって水平社の多くの指導者が逮捕され、水平運動が大きな危機に直面して以降、奈良の阪本清一郎などとともに生活擁護を重視する新しい運動を模索しつつあった。そうした経験を踏まえたうえで泉野は、日本共産党の機関紙『赤旗』からは「総本部に巣食う一部ボス的ダラ幹」と名指しで批判されながら、「水平運動の階級的意義を理解しつつも差別撤廃という独自性を維持しようとした社会民主主義の立場」

（二一八頁）から全国水平社解消論に反対したことが、朝治さんは丁寧な筆で記述していくのである。

水平運動に関するさまざまな論争に関わった人物のなかには、水平運動の活動家だけではなく、それを取り巻く社会運動の活動家や政治家、歴史研究者や作家などもいる。本書を読んで、戦前の水平運動について多くの人びとが関心を持ち、それぞれの立場から発言していたことにも、私は自分の不勉強を恥じながら、改めて驚く。

六

最後に、本書の筆者である朝治武さんについて触れておこう。まず本書を通読して思うのは、朝治さんの水平運動に関する問題意識というか関心の広さであり、史料を深く掘り下げて物事を論じようとする真摯な姿勢である。

本書では各テーマごとに、その末尾に二点づつ参考文献が挙げられていて、より深い学びのために役立つ。その参考文献は合計で五〇点あるが、そのうち朝治さん自身の業績は、一八のテーマに関する二二点にのぼる。しかもそれらが対象とする時代は「1　全国水平社創立」から「25　全国水平社消滅」までの、すべての時代にわたっている。この問題意識、関心の広さとそれを持ち続ける朝治さんの粘り強い姿勢には、もともとズボラな私などには到底及ばないものがある。

そうしたこれまでの朝治さんの長年の、質の高い研究に裏打ちされたのが本書なのだと、つくづく恐れ入る。

もちろん、朝治さんは自分がこれまでにものにされてきた研究の上だけに甘んじているわけではない。各テーマごとに記された多くの研究者の業績、本書全体の末尾にまとめられている参考文献（史料集・復刻版・著書）の一覧をみても、朝治さんの水平運動史研究における真摯な姿勢を窺い知ることができるだろう。

そして、朝治さんが本書をまとめられたもう一つの問題意識が、今日あるいは今後の部落解放運動に対する限りなく熱い思いであり、水平運動の歩みのなかで繰り広げられた論争を決して過去のものとするのではなく、大きな歴史的な意義を有するものとして生かしてほしいという願いである。

そうした思いと願いは、本書の「第四期　総力戦体制とファシズム支配のなかで」に収められている五つのテーマについての叙述に、もっとも色濃く写し出されているように思う。この第四期が対象とする時代は一九三七年以降の、日中戦争が本格化していった時代である。日本の政治、社会、文化などあらゆる分野が、日本が侵略戦争に勝つための総力戦体制に組み込まれていった。

そうした状況の下にあって、水平運動あるいは部落問題に関わる人びとがどのように時代を認識し、時代に抗い、あるいはからめとられていったのか。それを具体的に知ることは、朝治さんが指摘するように「今後においても戦争が可能な国家改造や国家の厳しい統制が進行する危険な日本の進路に直面しながら部落問題の解決が求められるかぎり、あまりにも深刻で重くのしかかるがゆえに必ず顧みられる価値を有する歴史遺産として、記録と記憶に深く刻まれるべきであろう」（三五二頁）。

朝治さんは、次のようにも書いている。

「二〇二二年には全国水平社創立一〇〇周年を迎え、新たな部落解放運動の展望のために水平運動の歴史的継承が広く議論されるであろうが、ただ安易に肯定と否定の両側面だけにとらわれることなく、実証的かつ体系的に解明された水平運動における理念と経験の総体を射程に入れ、それを新たな段階で生じてくる状況に活かしていくことこそが問われているように思えてならない」(「おわりに」三六八頁)。

私たちも、朝治さんの思いに少しでも応えたいと思う。よき時期に、よき著書をまとめられた朝治武さんに、感謝を申し上げる。

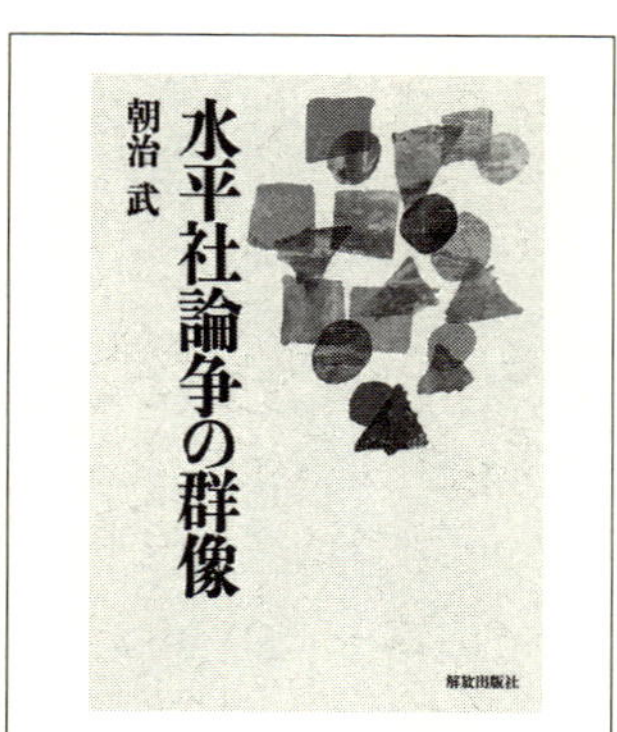

四六判上製・400頁
解放出版社　2,800円＋税
ISBN978-4-7592-4127-3

【書評】矢野治世美『和歌山の差別と民衆
――女性・部落史・ハンセン病問題』

西川哲矢

本書は、著者の矢野治世美氏が、『和歌山の部落史』編纂事業に携わる中で、近世・近代の和歌山における女性差別・被差別民、そしてハンセン病差別につき発表された論考をもとに編まれている。

いずれの論考も、差別の歴史を考える上で、重要な主題を扱っており、先行研究によりつつ『和歌山の部落史』編纂作業で得られた知見を盛り込み叙述がなされている。それぞれ独立しているため、いずれの論考から読み始めても支障ない。分量も一論考あたりおよそ二〇頁以内にまとめられており、豊富な史料を掲載するとともに、作成された表や図、挿絵なども適宜配されている。和歌山の差別の歴史につき、その要点を簡便に知るには適した書といえよう。

さて、以下、各論考を順に紹介したうえで、本書の特徴につき、感想・疑問点を交えながら述べることで、書評にかえさせていただきたい。

本書の内容について

I―一　近世高野山の女人禁制

本章では、近世における高野山女人禁制の実態につき論じられている。まず、「山之堂」と呼ばれた小屋が女人参詣者のための宿泊施設（女人堂）として利用されるようになったという日野西眞定氏の説を、『高野山通念集』や「山林法度条々」などの史料から追認したうえで、女人堂のさまざまな実態が紹介される。変死事件において女人堂が「男性」の取り調べや「胡乱者」の収容場所として用いられ、また、女人が訴訟をおこなう際の滞在場所となった事例があったという。著者はこうした女人堂の利用は、他の霊場にはみられない高野山女人堂の独自性だと述べる。また、享保期以降、遠忌などの際に「女性」も高野山境内に入れるとの風説が広まったり、法要などに際して入山したりする「女性」の事例を挙げる。入山する女人やこれを手引する道心僧などの存在は、水原堯榮氏や日野西眞定氏らの研究によりすでに知られていたが、ここでは強い参詣の意志をもった一人の「女性」が、手引きする者なしに天神坂まで立ち入った事例を紹介している。山男の制止の効もなく、結局奥の院骨堂の裏手から御廟を遥拝させ、本道へ連れ出したという。著者は、こうした女人の参詣は中世とは異なるもので、禁制下で女人たちのどのような主体的な信仰があったのかと問いを提起し、本章を締めくくっている。

I―二　浄土真宗の尼講――紀伊国の事例から

本章では、真宗寺院の設立や維持・運営を経済的な側面から、女性個人や尼講が支えていた事例が紹介される。まず、宝永年間（一七〇四～一七一一）に作成された、紀伊国名草（なぐさ）郡岡島村善行寺の奉加帳の検討を通じ、村落上層者の妻・母から、借家人・奉公人まで、幅広い層の「女性」が奉加に参加していたと指摘する。次に、天明八（一七八八）年以降に作成されたと推測される岡島村の村定にみえる童子講と尼講、頼母子（たのもし）の規定を紹介し、尼講費用残銀の寺修復費への充当や倹約の励行など、尼講も寺院維持・運営を支えていたことを明らかにする。そして、天保一〇（一八三九）年、紀州にも末寺を有する摂津国富田本照寺が、「女性」へ最勝講加入を呼びかけた内容にも注目する。最勝講は、西本願寺が天保三（一八三二）年、「女性」門徒を統一する目的で組織され、「女性」の罪業を説く「五障三従（ごしょうさんしょう）」を強調するものであった。本照寺の呼びかけもこの思想を踏まえたものであり、著者は、このような講の展開は、女人往生を利用する女性差別の再生産であったと主張する。

I―三　部落女性のくらし――和歌山の部落史の史料から

本章では、「『和歌山の部落女性史』を素描したい」との目的意識から、近代の部落差別・女性差別の二重差別が扱われる。まず、部落女性の不就学問題（一九〇一年調査）につき、部落男性の場合に比して家庭の経済状況が不利に働いたことや、女工による部落差別発言、部落出身の女工への差別発言問題などを取り上げる。そして、こうした差別を受けた部落女性が、婦人雑誌や会合の場で演説し、差別の実態を公に訴えた事例を紹介する。

つぎに、著者は労働運動と部落女性との関わりを論じるため、「被差別部落」の人びとが主体となった「日高小作争議」（昭和初期）を主に取り上げ、とりわけ昭和六年五月のデモに女性らが参加し、地主のもとにおし寄せた際の生々しい実態も紹介する。

さいごに、融和運動と女性に関し、一九二四年に第一回総会が開かれた「和歌山県同和会」の女性重視路線が紹介され、全国に先駆けて女性を積極的に融和運動へ取り込もうと団体を設置し、農繁期託児所の運営などをおこなった事例を叙述する。

Ⅱ―一　高野山と被差別民

本章は、『和歌山の部落史』編纂事業の成果をもとに「江戸時代の高野山寺領における被差別民の概要をまとめた」ものである。まず、江戸時代における高野山の概要が示され、寺院の組織機構や寺領支配について概説される。そして、高野山寺領の被差別民として「かわた（皮田）」、高野山の三昧聖（さんまいひじり）「谷之者（たにのもの）」、山上の非人番ともいえる「山之堂（やまのどう）」、「癩（らい）者」集団の「禿法師（とくほうし）」を挙げ、これらの者につきそれぞれ解説を加える。とくに、「谷之者」「山之堂」は支配の最末端としてさまざまな役割を果たしており、殺人事件と窃盗事件の二つの事例につき、その経緯から結末までを叙述し、彼らが捜索や刑の執行に携わった様子が述べられている。また、刑の執行時の様子のほか、自殺を図った入牢（じゅろう）中の者を、谷之者が「千手院山之堂墓所」に埋葬するなどという興味深い事例も紹介している。

Ⅱ―二　近世紀伊国の多様な被差別民

本章では、民間宗教者や芸能者、障害者をふくむ被差別民などを取り上げ、主に『紀伊続風土記』や『賤者考』に基づき紹介している。まず、紀州藩の「指出帳」（村明細帳）における被差別民の記載の検討から、疾病や身体障害を示す記載などに言及する。

次に、以下の1~7の各種被差別民を取り上げ、概説がなされる。1では、葬送を担った隠坊や田辺領の「鉢坊」につき述べられ、2では夙と呼ばれる、差別の理由がはっきりしない被差別村が紹介される。一八世紀末、夙村の人びとは、その不当な取り扱いに対し抵抗する動きもみせたと指摘する。3では、貴志の猿まわしにつき、彼らには由緒があり自負心をもっていたが、同時に蔑視をうけていたことも示される。4では、詳細は不明だが和歌山にも陰陽師が存在したことや、「巫村」における通婚の忌避につき述べる。5では、「女性宗教者」として勧進比丘尼と信濃巫を紹介しているが、「平人との区別はないようなもの」であったらしい。6では、芸能に携わる皮田や座頭、興行の警固に携わる皮田につき述べており、彼らの得分についても触れられる。7では、癩者を取り上げ、癩者の隔離とともに救恤もなされていたことなどが指摘される。

さいごに、これら和歌山の被差別民の概説に用いた『紀伊続風土記』、『賤者考』の二つの書を取り上げる。とくに『賤者考』につき、その著者本居内遠の捨子構想を取り上げる。身分制が動揺する一九世紀後半にあって差別意識や身分制度の立て直しをはかったものだが、当時は貧民層に限られず、皮田と平民の日常的な交流がみられたことも指摘する。むろん、別器・別火・通婚忌避など習俗的差別は厳然とあり、明治時代に入っても尾を引くことになる。

Ⅱ―三　皮田村の生業と生活

本章では、まず、有田郡湯浅村の慶長六（一六〇一）年検地帳の写しに見える「かわた」と肩書きのある名請人とその後の変遷の分析から、名請人が「かわた」から「平人」となったり、反対に「平人」から「かわた」になる名請地が認められるなど、両者の入れ替わりがあったことを指摘する。

そして、一八世紀になり本村から分村・独立しようという和歌山における皮田村の運動を描く。出作や新田開発などで動員された皮田が定住して形成された皮田村について、その差別の実態（氏子からの排除や入会権の排除など）や、平人が皮田所持の土地を買い取ろうとした事例にも触れる。近世中期以降、「皮田の人びとは農業や土地取引などを通じてそれまで以上に皮田村の外部とかかわっていくようになる」が、同時に「皮田」に対する差別意識も高まりつつあったという。

次に、こうした皮田の生業につき、落牛処理や皮鞣（かわなめ）し、三味線や雪駄（せった）への加工、「雪駄直し仲間」の形成、猪・鹿・熊などの皮剥、斃牛馬（へいぎゅうば）処理などさまざまな事例が紹介される。紀州藩においては臘皮（ろうがわ）の座があり、座と座外での経済格差、また両者の間に日常的な交際や通婚がなかったことなどの対立についても述べられる。さいごに、皮田村の災害の事例を紹介している。

Ⅲ―一　ハンセン病問題と和歌山県――近代の湯の峰温泉をめぐって

本章では、「近世以前からハンセン病者を受け入れてきた地域」が、明治時代に入るとハンセン病者の隔離が進み、地域から排除する過程が叙述される。

湯の峰温泉は、近世より「癩者」が湯治に訪れる温泉で「患者ト健康者」の区別もなかったが、明治三六（一九〇三）年の火災を契機とし、癩病は伝染病であるとの過度な喧伝（けんでん）がなされるなか、「普通病患者」と浴槽を別にするなどの計画があがったという。明治四〇（一九〇七）年には、「癩予防ニ関スル法律」が公布され、「放浪らい」の公立療養所へ隔離が各地で行われるが、湯の峰温泉では、私立の癩病療養施設「緑館」が遅くとも大正期には設立されていた。昭和三（一九二八）年にも、「癩患者収容所」が計画されたが、この両者とも、他の客がハンセン病者に気分を悪くするなどに配慮し隔離するとの発想があった。

やがて「無癩県運動」の展開（昭和四）、「癩予防法」の成立（昭和六）を経て、隔離が強化される時代に入り、ハンセン病者が利用していた温泉「下湯」は、利用停止を余儀なくされる。その際、ハンセン病者を排除するのではなく地域で受け入れようと、力強い反対意見があったことも示される。だが、結局「緑館」の人びとも草津湯ノ沢へ送られることとなる。著者は、ハンセン病者の排除が観光振興と結びつき、それがまた全国的な隔離政策と結びついていったと指摘する。

Ⅲ—二　高野山とハンセン病——近代以降を中心に

本章では、高野山とハンセン病との関わりが検討される。近世、禿法師とよばれる高野山の「癩者」集団のほか、寺院や参詣人から施与をうける「非人」「乞食」の中にも「癩者」がいたという。明治期後半、国策でハンセン病者が隔離されるようになり、大正六（一九一七）年には、「癩者」の自由往来が禁じられ、禿法師の住まっていた「東谷阿弥陀堂（あみだ）」も移転せざるを得なくなった。

鉄道や街道の整備による参詣者や物資の増加にともない、街道沿いでの物乞いも増え、そのなかにハンセン病者もいたという。警察はこれらの「放浪患者」を取り締まる「タモ狩り」をおこない、大阪の収容所外島（そとしま）保養院へ送致した。また高野山内にも、一時的な収容所が設けられるなど、ハンセン病者の一掃が図られた。そこには、湯の峰温泉同様、ハンセン病者に対する不快感情に加え、観光地和歌山を「よごさないやう」との差別意識もあったようである。その結果、一九四一年七月には、和歌山県には「放浪患者」がいなくなったという。著者は、ハンセン病者を排除しきってしまったことで、かえってその存在が忘れ去られてしまったと指摘する。

このほか、「書評1　下坂守著『中世寺院社会と民衆　衆徒と馬借・神人・河原者』」、「書評2　寺木伸明・黒川みどり共著『入門　被差別部落の歴史』」、「付論1　和歌山県とハンセン病問題——戦後の新聞記事から」、「付論2　外島保養院の記憶をのこすために」が収録されているが、これらの紹介は省略する。

本書の特徴と感想・疑問点

①豊富な史料と考察について

まず、本書は、『和歌山の部落史』編纂過程で調査された豊富な史料にもとづいて記述されているため、一つ一つの記述には説得力がある。近世の高野山を扱ったⅠ―一やⅡ―一には、高野山の学侶（がくりょ）方の日記『日並記』が用いられ、Ⅰ―二では「紀州藩牢番頭家文書」が、そして近代の記述では、当時の新聞記事や県会議事速記録などをもとに地域史を論じており、興味深い事実も多くみられた。

ただし、史料解読からなされるべき考察が十分に展開されているようには思われず、全体的に史料紹介としての側面が大きいように思える。とくに、部落差別をあつかったⅡはその傾向が強く、Ⅱ―一は冒頭箇所で「……の概要をまとめた」と述べているように、被差別民の種別ごとに概説をなすのみで、全体的な結論もなく叙述がおわっている。また、Ⅱ―二、Ⅱ―三では、問いが設定されずに叙述が進み、何が問題にされているのかはっきりしないまま最終的な結論もなく締めくくられる。そのため、一つ一つの被差別民の概説や差別の実態の説明においては、評者にとって非常に参考になるところが多かったが、諸事例の考察や導かれるべき結論が見えづらかった。

②三つの差別の取り上げ方について

Ⅰ「女性への差別」では、性差別それ自体というより、差別の中にある女性の主体性、つまり女人信仰や参詣のあり方、被差別当事者としての主張などが主題になっているように思われる。また、Ⅱ「近世被差別民の多様な情況」では、被差別民の蔑視の実態が記述されると同時に、平民と関わりを持つ者の存在や、高野山の「谷之者」や「山ノ堂」のように支配の末端としての役割を担った被差別者が叙述される。その意味では、被差別者の主体性や社会的役割がⅠ、Ⅱに共通する主題であったといえよう。これに対し、Ⅲ「近代のハンセン病問題」では、むしろ地域におけるハンセン病者の隔離や、地域からの排除などを主題としていたように見受けられ、ハンセン病者の主体性や地域との関わりなどは、積極的に描かれてはいない。

近年のハンセン病の歴史研究では、法制的な隔離や、これにもとづく人権侵害というハンセン病者の受難の歴史ばかりではなく、ハンセン病者の主体的な地域社会との関わりやその生存の歴史を描く研究も進められている（廣川和花『近代日本のハンセン病問題と地域社会』、大阪大学出版会、二〇一一年など）。こうした研究状況や、Ⅰ、Ⅱにおける差別の叙述の仕方を踏まえると、史料的制約はあろうが、Ⅲにおいてもハンセン病者の主体性がある程度問題にされてもよかったのではなかろうか。その意味では本書としての差別の取り上げ方に統一性を見いだせなかった。

もとより、著者は、個々の論考の全体的な位置づけについてとくに説明を加えていない。個々の論考を一冊の書にまとめるにあたって、女性差別、部落差別、ハンセン病差別と分類するだけではなく、本書全体としての主題や問い、各論考の構成などに関して論述されていれば、読者の理解もいっそう深まったものと考えられる。

③差別の歴史的考察について

本書では、近世や近代における叙述を主としつつも、その前後の時代との関連にも注目しており、時代の変化を捉えた叙述がなされている。Ⅰ―一では、近世の高野山における女人禁制の実態が主題であったが、中世の女人参詣の事例との比較により時代の変化を意識した論述がなされている。Ⅱ―二では、近世社会における習俗的差別が近代にもなお残存していたことにつき指摘がある。また、Ⅲ―一では、「近世から癩者を受け入れてきた地域」が、近代のハンセン病者の隔離・排除にいたる時代の流れを叙述しており、Ⅲ―二でも近世の高野山の「癩者」の実態から説き起こし、近代の「癩患者狩り」や地域からハンセン病者の排除を論じている。

ただし、こうした時代の変化の叙述につき、疑問に思った点がある。以下、二点指摘しておきたい。

まず、Ⅰ―一において、近世高野山における女人参詣者の殺到や女人堂の整備などにより、中世とは女人参詣のありかたが変わったとの指摘は評者も理解できる。だが、中世に女人参詣が制止された二つの事例、すなわち「後宇多院御幸記」の記録と説経節「苅萱（かるかや）」の記述のみをもって、中世においては「女性が伽藍（がらん）や奥之院まで女性が立ち入るようなことはまずありえない状態であったと考えられる。」と結論（推測）するのはいささか無理があるのではなかろうか。とくに「後宇多院御幸記」につき、著者は「『近里女性等、其数巨多』が男装して結界を越え」たと説明しているのだから、「江戸時代になると女性が結界を越える事例が見られるようになる要因」の考察は慎重になされるべきであろう。さらにいえば、著者も参照する水原堯榮「女性と高野山」（中川善教編『水原堯榮全集 第一巻』、同朋舎出版、一九八一年〈初出一九二四年〉）では、近世以前、結界を越えはしないものの熱心な女人信仰の形がさまざまに示されている。女人が結界を越えることにいかなる歴史的意味が見いだせるのか、という点も問題になろう。

また、Ⅲ―一では、明治以降、ハンセン病者の隔離と排除へ至る歴史的前提として、湯の峰を「近世から癩者を受け入れてきた地域」と述べている。こうした認識は、当地において近世にもあったはずの「癩者」差別を見えにくくする恐れがあるのではなかろうか。当地には、近世より「非人湯」「乞食湯」などがあったのだから、「受け入れてきた」中にも、隔離などの措置があったのであろう。この隔離は差別とは無関係なのだろうか。また近代以降のハンセン病者の隔離とは異なる性質のものなのだろうか。

著者は、近世の「癩者」差別と近代のハンセン病の間にある差別の異同につき、生瀬克己氏の指摘する「ハンセン病者に対する歴史的な『差別の源泉の転換』」が湯の峰温泉でも生じていたと述べるが、湯の峰温泉において、何が「差別の源泉」であり、それがどのように転換するのか、考察がなされていない。ちなみに著者の引用する生瀬氏の論考「ハンセン病者の歴史と歴史家の役割」(沖浦和光・徳永進『ハンセン病排除・差別・隔離の歴史』、岩波書店、二〇〇一年)では、差別の源泉が、中世においては仏教の教義であったが、近代になると「感染」となった、との見解が述べられている。だが、本書ではこれに相当する叙述も見いだせず、引用の意図が解せなかった。湯の峰温泉における「差別の源泉の転換」につき、著者自身の説明や考察が欲しかったところである。

④差別の態様について

本書では、差別のさまざまな態様が示されている。たとえば、Ⅰ―一では、「宗教的な女人禁制と、前近代における女性の社会的な位置づけとの関連については、より慎重に検討する必要があろう」とあって、女性差別を宗教的差別と前近代的な社会的差別とに弁別しており、Ⅰ―三では、部落差別と女性差別の二重差別が扱われている。また、Ⅱ―二では、猿まわしなどの芸能者や民間宗教者（陰陽師・巫女など）、座頭、遊女などという制度上は被差別身分ではないが、卑賤視を受けていた人びとも取り上げている。すなわち、近世社会における制度上の差別とは別の習俗的差別が指摘される。そして、Ⅲのハンセン病者差別では、隔離・排除という制度的差別とともに、病者に対する人びとの不快感情や差別意識も見出されていた。いずれも検討に値する重要な問題であると思う。ただし、著者はこうしたさまざまな差別のあり方を腑分けしているにもかかわらず、そこから得られる示唆につき議論を十分に展開させておらず、また、事例からさらに見出されるべき差別も見逃していると見受けられる箇所もある。これらの問題につき、以下、事例ごとに指摘してみたい。

まず、Ⅰ―一の女性差別の宗教差別と前近代的な社会的差別との弁別は、差別を子細に検討するに重要な視点であると評者も考えるが、問題提起のみでとくに検討がなされていない。さらにいえば、本章では、中世から近世の女人参詣の変化が論じられ、また「五障三従」のような思想が「時代が下るとより尖鋭的になる」と指摘しているのであるから、「前近代における女性の社会的な位置づけ」と一括りにするのではなく、「女性」の社会的地位の前近代における変化にも目を配る必要があるのではなかろうか。

また、二重差別につき、Ⅰ―三の「部落女性」の就学問題では、「部落女性」が「部落男性」に比してなお不利な状況にあったという二重差別の実態が分かるが、その以後の記述では、ほぼ男女比較がなされていない。たとえば演説や文筆で活躍する「部落女性」が取り上げられるが、「部落『男性』」にはこのような人びとはいなかったのだろうか。これと同様に、女性差別と「部落女性」差別との対比についても指摘がなされていなかった。それゆえ、二重差別におかれた「女性」が十分に描かれていなかったように感じられ、「部落女性」史という観点からみてやや物足りなさを感じた。また、同章の女性への融和活動を記述する箇所で、「女性は差別観念が強い」ことが融和活動の前提となっていたり、「女性の生命の本質は『母性愛』にある」などという考えもあったと紹介している。著者はこれにつき特に論評していないが、融和活動に潜む女性への差別や偏見も、差別の歴史として見出し検討されるべき対象ではなかろうか。

なお二重差別については、皮田村の尼講を検討したⅠ―二や、Ⅱ―二で紹介のあった勧進比丘尼、信濃巫などの「女性宗教者」にも関わろうが、とくに指摘はなかった。

また、ハンセン病者隔離・排除を問題にしたⅢ―一では、湯の峰温泉における私立療養所「緑館」や建設計画のあった「癩患者収容所」の隔離の意図として、他の客のハンセン病者への不快感情や差別意識のみならず、患者に対する同情や患者自身が「安心して入浴の出来るよう」などという配慮も含んでいたようである。それゆえ、ある種の善意にもとづく差別もまた見出せるのではないかと考える。こうした意図を含む湯の峰温泉の隔離は、国の推し進める近代的な隔離と類似性が認められるのか、全く異なったものなのか。特に考察されていなかったが、異なったものであれば地域史としての独自性も見いだせるのではなかろうか。

おわりに

以上のように差別の歴史にはさまざまな要素が絡み合っており、その記述は容易ではなかろう。被差別者を被害者としてみるか、主体性をもった存在として取り上げるかなどという問題もあろうし、差別の態様の分析も、差別の内実を明らかにする上で必要な作業だろう。近世身分制などの制度としての差別のみならず、II—二で示されたような習俗的な差別や、ハンセン病差別にみえる人びとの不快感情や差別意識、場合によっては差別の中に、人びとの善意を含むと考えられるものもあった。女性差別・部落問題・ハンセン病差別が、いまなお現実的な問題であるように、時代を越えた差別の存続（あるいは再燃）も考える必要があろう。他方で、差別の歴史的な変質も、差別の歴史を描く上では欠かせないだろう。そして、地域史として差別の歴史を描くには、他地域や国の政策などと比較して論じることも求められる。著者は、本書でこうした困難な問題群に取り組まれており、今後さらに考察を深められるものと思う。今後の研究に一読者として期待したい。

さいごに、書評にあたっては、評者の誤読や曲解、また見当違いも含まれていよう。著者にはお詫び申し上げるとともに、御海容を願う次第である。

A5判上製・235頁
阿吽社　2,500円＋税
ISBN978-4-907244-30-9

編集後記

□研究所紀要第8号をようやくお届けできます。
□論文、論説を2本と、書評を2本です。
□巻頭は、小田直寿「西光万吉『和栄運動』研究の展望と課題」です。小田さんは、論文中にも説明されていますように、西光万吉の没後50年を記念した書籍の編纂中で、本稿は、その中間報告に当たるものです。西光が戦後提起した「和栄運動」について書かれています。
□小笠原正仁「一向一揆起源論と現代の部落差別についての一考察」は、現代の部落差別を歴史的に考察するための社会科学的方法論についてあらためて論じたものです。これについては、過去の事象がいまだ存在するということから、歴史研究を行うものはつねに問われているのではないでしょうか。そのことをあらためて意識させる意欲作です。
□続いて、書評です。朝治武『水平社運動の群像』（解放出版社）の書評を渡辺さんが寄稿してくださいました。また、矢野治世美『和歌山の差別と民衆――女性・部落・ハンセン病問題』（阿吽社）については、西川哲矢さんが書いてくださいました。
□研究所の事業として、高野山文書編事業があります。高野山で元禄の動乱の後、享保からつけられた金剛峯寺日並記の翻刻事業を進めています。現在、1次翻刻の段階ですが、3分の1程度まで作業が進んでおります。これらをもう一度見直して、用語データベースなどを整備しているところです。
□紀要の原稿を募集しております。編集要綱等は事務局までお問い合わせください。
□研究所の存在意義を常に意識しながら、これからも活動を続けてまいりますので、ご支援方よろしくお願い申し上げます。

（事務局TK生）

一般社団法人 和歌山人権研究所 紀要 第8号

2019年8月30日 初版第1刷発行

編集・発行 一般社団法人和歌山人権研究所
〒640-8315 和歌山県和歌山市津秦 163-4
TEL 073-474-4400 FAX 073-474-4401
E-mail:jinken@fine.ocn.ne.jp

発 売 株式会社 阿 吽 社
〒602-0017 京都市上京区衣棚通上御霊前下ル
上木ノ下町 73-9
TEL 075-414-8951 FAX 075-414-8952
URL:aunsha.co.jp
E-mail:info@aunsha.co.jp

印刷・製本 モリモト印刷株式会社

ISBN978-4-907244-38-5
定価は表紙に表示してあります

社団法人和歌山人権研究所　紀要（500 円～ 2,000 円）

創刊号（特集・第 10 回全国部落史研究交流会）／第２号／第３号／第４号（第 18 回全国部落史研究大会・高野山大会特集号）／第５号／第６号／第７号

紀州藩牢番頭家文書　編集：紀州藩牢番頭家文書編纂会　発行：清文堂出版

既刊：城下町牢番頭仲間の生活（16,000 円）／城下町警察日記（15,000 円）

和歌山の部落史　編集：和歌山の部落史編纂会　発行：明石書店

全７巻（各巻 18,000 円）

※価格は本体の価格です

各種お申込み・お問合わせは

一般社団法人 和歌山人権研究所

〒 640-8315　和歌山県和歌山市津秦 163-4

電話 073-474-4400　FAX 073-474-4401　メール jinken@fine.ocn.ne.jp